交通土建类专业来华留学生专用教材
跟我学铁路系列丛书

铁道工程

Railway Engineering

丛书主编　井国庆
主　　编　闫　斌　井国庆

中国建材工业出版社

图书在版编目（CIP）数据

铁道工程/闫斌，井国庆主编. --北京：中国建材工业出版社，2023.6

（跟我学铁路系列丛书/井国庆主编）

ISBN 978-7-5160-3747-8

Ⅰ.①铁… Ⅱ.①闫… ②井… Ⅲ.①轨道（铁路）—铁路工程 Ⅳ.①U21

中国国家版本馆CIP数据核字（2023）第059689号

内 容 简 介

本书共13章，依次介绍了铁路运输的基本性质和铁路的发展历程，以及中国铁路建设的规划和基本程序，重点介绍了铁路的主要技术标准、线路平纵断面设计、轨道结构、道岔、轨道几何形位、轨道结构力学分析、无缝线路、高速铁路、重载铁路、城市轨道交通，并对轨道施工和轨道养护维修进行了简略介绍。

本书适合轨道交通相关专业来华留学生及教师参考使用，也可作为介绍铁路相关知识的科普图书。

铁道工程
TIEDAO GONGCHENG
主编 闫 斌 井国庆

出版发行：中国建材工业出版社
地　　址：北京市海淀区三里河路11号
邮　　编：100831
经　　销：全国各地新华书店
印　　刷：北京印刷集团有限责任公司
开　　本：710mm×1000mm　1/16
印　　张：9
字　　数：180千字
版　　次：2023年6月第1版
印　　次：2023年6月第1次
定　　价：39.80元

本社网址：www.jccbs.com，微信公众号：zgjcgycbs
请选用正版图书，采购、销售盗版图书属违法行为
版权专有，盗版必究。本社法律顾问：北京天驰君泰律师事务所，张杰律师
举报信箱：zhangjie@tiantailaw.com　　举报电话：(010) 57811389
本书如有印装质量问题，由我社市场营销部负责调换，联系电话：(010) 57811387

《跟我学铁路系列丛书》
编 委 会

丛书主编： 井国庆（北京交通大学 教授）

编　　委：（按姓氏笔画排序）

　　　　　　马仁听（广州铁路职业技术学院 院长）

　　　　　　朱小辉（包头铁道职业技术学院 院长）

　　　　　　任利成（山西铁道职业技术学院 院长）

　　　　　　刘彦青（北京交通大学国际教育学院 院长）

　　　　　　姚方元（湖南高速铁路职业技术学院 院长）

　　　　　　徐长节（华东交通大学 校长）

　　　　　　焦胜军（陕西铁路工程职业技术学院 党委书记）

　　　　　　童芸芸（浙江科技学院国际教育学院 院长）

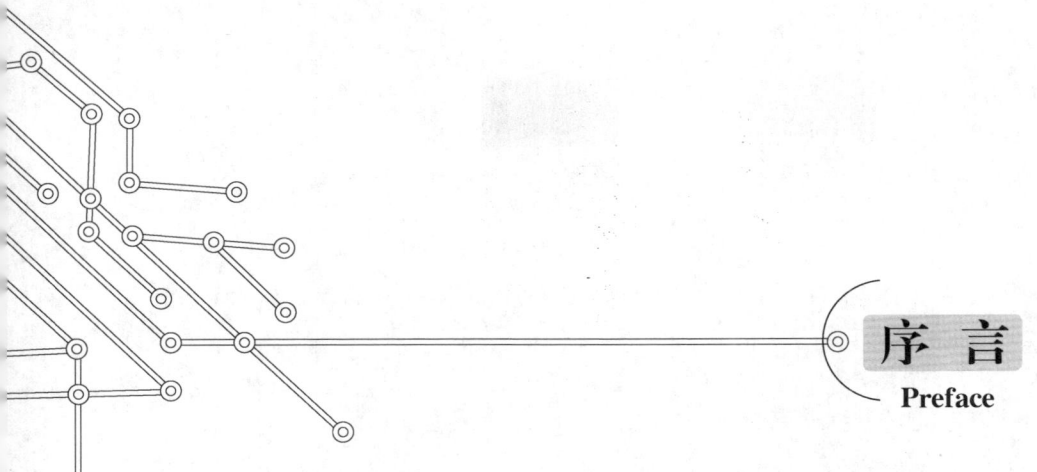

序 言
Preface

  2023年是"一带一路"倡议提出十周年，《跟我学铁路系列丛书》（简称《丛书》）出版是一件喜事。

  从事来华留学教育管理工作20年来，恰逢中国留学教育快速发展阶段，我非常幸运地参与并见证了北京交通大学轨道交通国际教育的发展壮大。随着中国铁路走出去，以及高铁名片影响力不断增大，学习铁路相关专业的留学生越来越多。学校建设了高铁双语教学虚拟现实实践平台，以满足学生对铁路相关词汇和知识的学习，但浅显易懂、图文并茂，能体现实用性、先进性的系列教材还是空白。

  近年来，随着采用中国设备、中国标准、中国管理等不同模式的多条铁路进入运行，如亚吉铁路、蒙内铁路、雅万高铁等，铁路各专业人才的培养与培训需求增加，也将进一步推动相关教材的建设。

  《丛书》既可以作为有汉语基础的人士快速学习铁路知识的自学教材，又可以作为对外汉语教师编写铁路专业汉语教材的参考书目，也可以用于海外企业员工的基本能力培训，还可以成为海外企业中国员工与本土员工共同学习及交流的媒介。

  《丛书》一定会为从事铁路相关专业的人士所喜爱，成为中国铁路走出去的一座知识桥梁，为"一带一路"建设做出贡献。

北京交通大学国际教育学院　院长

2023年4月

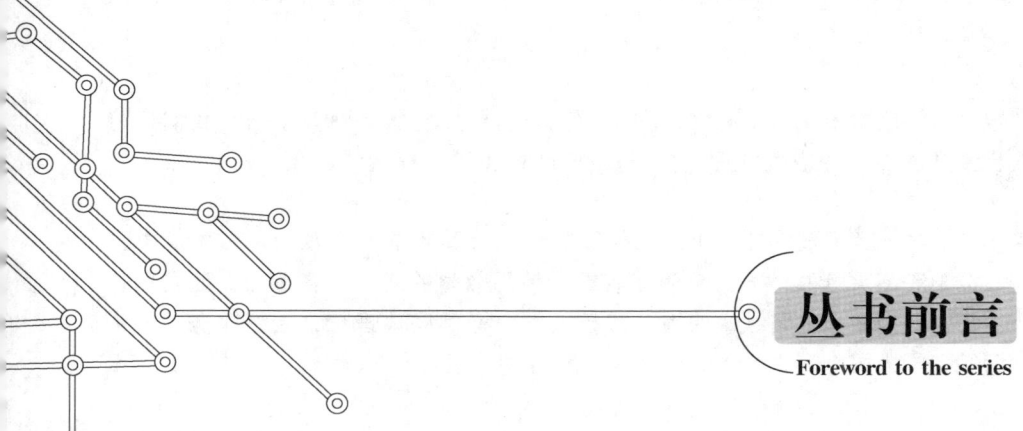

丛书前言
Foreword to the series

自 2013 年中国提出"一带一路"倡议以来,共建"一带一路"倡议得到越来越多的国家和国际组织的积极响应,影响力日益扩大。中国与"一带一路"沿线国家以政策沟通、设施联通、贸易畅通、资金融通、民心相通为重点,把理念转化为行动,把愿景转化为现实,不断造福沿线国家人民。

今年是"一带一路"倡议提出十周年,恰逢这一重要时刻,《跟我学铁路系列丛书》付梓,令人心情激动。铁路在"一带一路"设施互联互通中,发挥了至关重要的基础性和先导性作用,深受沿线国家的欢迎和期待。十年来,以中老铁路、中泰铁路、匈塞铁路、雅万高铁等合作项目为重点的区际、洲际铁路网络建设取得重大进展。泛亚铁路、巴基斯坦铁路、中吉乌铁路、中国—尼泊尔跨境铁路、中欧班列等合作取得积极进展。据测算,铁路合作直接催生的人才培养和培训需求超过 30 万人。

来自"一带一路"沿线国家的留学生来华学习铁路知识的热情持续高涨,北京交通大学已成为接收相关留学生的重要基地。自 1996 年开始,学校已为蒙古国培养了 400 多名专业留学生。100 名肯尼亚留学生通过四年本科专业学习,回国后直接服务蒙内铁路(蒙巴萨至内罗毕铁路,由中国帮助肯尼亚建设,于 2017 年通车运营)的运维。马来西亚政府公务员管理局全额资助 300 名本国学生来校完成本科双学位学习,以服务马来西亚东海岸铁路项目的建设与后期运营管理。

在留学生培养过程中,我发现除蒙古国留学生外,其他国家的留学生大都采用英文教学,由于欠缺专业中文方面的学习衔接,导致他们对中国铁路的学习和后续的继续教育存在不足。这些留学生虽然通过了中国的汉语水平(HSK)考试,但是对铁路专业词汇了解得还不够深入,急需在其进入专业学习阶段之前,对铁路的基本词汇有所理解和掌握。这也是我十年前萌生组织编写本套丛书的初衷。

语言是连接不同文化的纽带,希望来华留学生能借助《跟我学铁路系列丛书》等专业资料,源源不断地学习中国铁路的技术和管理并付诸实践,与中国铁路工业界保持紧密联系和合作,服务于各国的铁路事业。

本丛书主要作为交通土建类相关专业来华留学生的专用教材,同时适用于中国铁路"走出去"后本土化员工的培训和学习。为了更好地服务海外学员，我们还将与企业合作开发专业的应用程序（APP），也计划通过版权合作、版权转让等方式，直接将本丛书推广到海外发行。

中国铁路技术的发展一日千里，铁路国际合作大踏步前行。我们深知本丛书还有一些不成熟和不完善的地方，希望读者或者使用教材的老师不吝赐教。让我们化知识为力量，助力中国铁路纵横四海，践行人类命运共同体理念，更好服务"一带一路"沿线各国人民。

北京交通大学　教授

井国庆

2023年4月

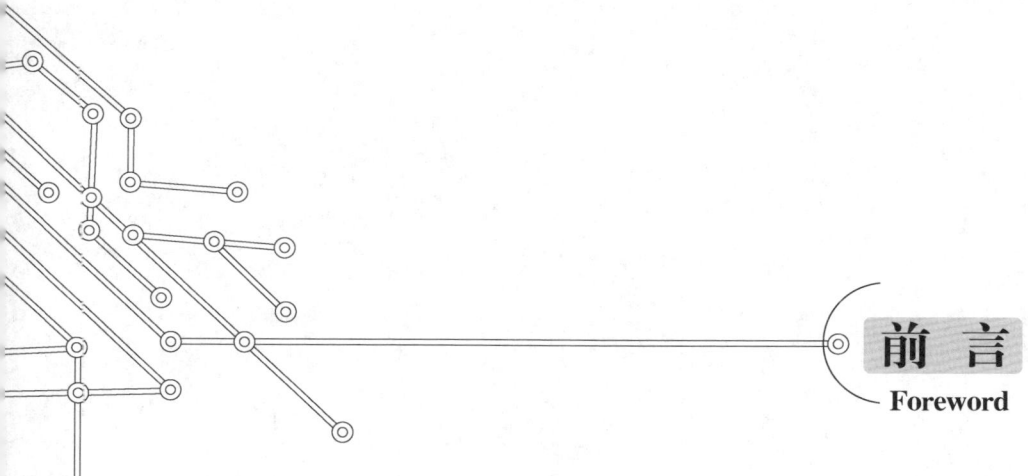

前言
Foreword

以铁路为代表的基础设施互联互通是"一带一路"沿线国家合作发展的重要基础，随着中非铁路、中国与东盟铁路等合作项目的持续推进，"一带一路"沿线国家的铁路基础设施建设和运营管理人才缺口巨大。开展轨道交通专业国际研究生教育，为"一带一路"沿线国家培养土木工程、交通运输工程等相关专业的高级技术管理人才，对促进国与国之间民心相通、推进"一带一路"建设具有重大意义。

"铁道工程"是土木工程、铁道工程、交通运输工程等专业的核心课程，其教学内容涉及铁路选线设计、轨道结构设计、施工、养护维修等基础理论和基本知识。本书介绍了铁路运输的基本性质和铁路的发展历程，以及中国铁路建设的规划和基本程序，重点介绍了铁路的主要技术标准、线路平纵断面设计、轨道结构、道岔、轨道几何形位、轨道结构力学分析、无缝线路、高速铁路、重载铁路、城市轨道交通，并对轨道施工、轨道养护与维修进行了简略介绍。全书内容丰富，涉及范围广，是一本系统全面介绍铁道工程相关专业技术知识的图书。

针对来华留学生专业汉语能力相对不足的问题，本书精心设置了正文、专业词汇汉英对照、思考题、拓展阅读等模块内容，知识体系完整，是铁道工程相关专业留学生专业汉语学习的极佳教材。希望通过本书的教学，能够提高铁道工程专业留学生的汉语能力，有助于他们继续深入学习和理解中国标准及汉语专业文献，提高留学生毕业后在专业岗位上的专业水平和竞争力。

此外，语言是来华留学生跨文化适应和交流的桥梁，通过专业汉语的学习，有助于提高留学生的汉语应用水平，促进留学生对中国工程设计理念和原则的理解与认同，从而有助于进一步推广中国标准，提升我国铁道工程的国际话语权。

本书由中南大学闫斌、北京交通大学井国庆主编，感谢余丽梅、程瑞琦、匡文飞、付贺鑫、娄徐瑞利等研究生在书稿编写过程中提供的帮助。铁路轨道技术的发展日新月异，书中难免存在疏漏和不足，欢迎专家和读者批评指正。

编　者
2023 年 2 月

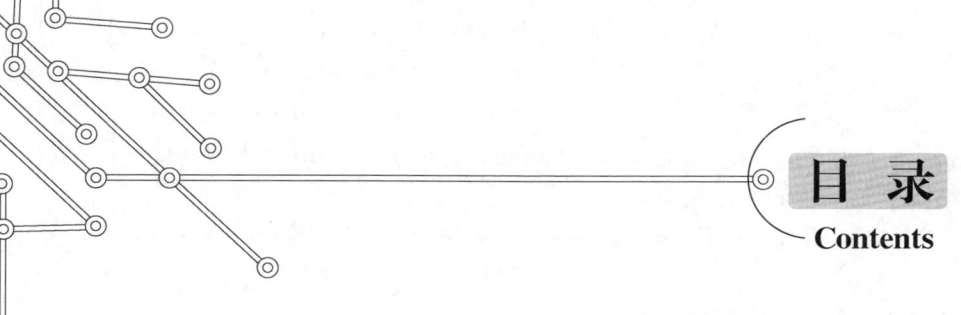

目 录
Contents

第一章　绪论 Introduction ……………………………………………… 1
　第一节　交通运输的性质（Nature of Transportation）……………… 1
　第二节　铁路运输的性质（Nature of Railway Transport）…………… 2
　第三节　铁路运输的技术经济特征（Technical and Economic
　　　　　Characteristics of Railway Transport）…………………………… 2
　第四节　世界铁路的发展（Development of the World Railway）……… 3
　第五节　中国铁路的发展历程
　　　　　（Development Course of Chinese Railway）…………………… 5
　第六节　中国铁路建设规划（Chinese Railway Construction Plan）…… 8
　第七节　中国铁路建设基本程序（Basic Procedures of Railway
　　　　　Construction in China）…………………………………………… 9

第二章　铁路能力 Railway Capacity …………………………………… 14
　第一节　铁路客（货）运量［Railway Passenger（Freight）
　　　　　Transportation Volume］………………………………………… 14
　第二节　铁路输送能力（Railway Carrying Capacity）………………… 14
　第三节　铁路等级（Railway Grade）…………………………………… 15
　第四节　铁路的主要技术标准（Main Technical Standards of Railway）…… 15
　第五节　影响牵引质量的主要技术标准
　　　　　（Major Technical Standards of Affecting Traction Quality）…… 15
　第六节　影响通过能力的主要技术标准
　　　　　（Main Technical Standards of Affecting Passing Ability）……… 17
　第七节　影响行车速度的主要技术标准
　　　　　（Main Technical Standards of Affecting Driving Speed）……… 18

第三章　线路平纵断面设计 Horizontal and Vertical Section Design of Railway ⋯⋯ 24
第一节　铁路线路的定义（Definition of Railway Line）⋯⋯⋯⋯ 24
第二节　区间线路平面（Plane of Interval Line）⋯⋯⋯⋯⋯⋯ 25
第三节　区间线路纵断面（Longitudinal Section of Interval Line）⋯⋯ 27
第四节　站坪的平纵断面
　　　　（Horizontal and Vertical Sections of Station Site）⋯⋯⋯⋯ 30

第四章　轨道结构 Track Structure ⋯⋯⋯⋯⋯⋯⋯⋯⋯⋯⋯⋯ 35
第一节　钢轨（Rail）⋯⋯⋯⋯⋯⋯⋯⋯⋯⋯⋯⋯⋯⋯⋯⋯⋯ 35
第二节　轨枕（Sleeper）⋯⋯⋯⋯⋯⋯⋯⋯⋯⋯⋯⋯⋯⋯⋯⋯ 36
第三节　联结部件（Coupling Components）⋯⋯⋯⋯⋯⋯⋯⋯ 37
第四节　轨道加强设备（Track Strengthening Equipment）⋯⋯ 40
第五节　有砟轨道（Ballast Track）⋯⋯⋯⋯⋯⋯⋯⋯⋯⋯⋯ 40
第六节　无砟轨道（Ballastless Track）⋯⋯⋯⋯⋯⋯⋯⋯⋯⋯ 41
第七节　无缝线路（Continuously Welded Rail）⋯⋯⋯⋯⋯⋯ 44

第五章　道岔 Turnout ⋯⋯⋯⋯⋯⋯⋯⋯⋯⋯⋯⋯⋯⋯⋯⋯⋯ 50
第一节　道岔的基本类型（Basic Types of Turnout）⋯⋯⋯⋯ 50
第二节　单开道岔构造（Construction of Single Turnout）⋯⋯ 55
第三节　单开道岔的几何尺寸
　　　　（Geometric Dimension of Single Turnout）⋯⋯⋯⋯⋯ 58
第四节　过岔速度（Crossing Turnout Speed）⋯⋯⋯⋯⋯⋯⋯ 59

第六章　轨道几何形位 Track Geometry ⋯⋯⋯⋯⋯⋯⋯⋯⋯⋯ 62
第一节　直线轨道的几何形位（Geometry of Straight Track）⋯⋯ 63
第二节　曲线轨道的几何形位（Geometry of Curve Track）⋯⋯ 66

第七章　轨道结构力学分析 Mechanical Analysis of Track Structure ⋯⋯ 73
第一节　轨道结构竖向静力分析模型
　　　　（Vertical Static Analysis Model of Track Structure）⋯⋯ 73
第二节　模型计算参数（Model Calculation Parameters）⋯⋯ 74
第三节　钢轨位移、弯矩的分析计算（Analysis and
　　　　Calculation of Rail Displacement，Bending Moment）⋯⋯ 75
第四节　轨道结构的强度检算（Strength Check of Track Structure）⋯⋯ 77

第八章　无缝线路 Continuously Welded Rail …… 83
  第一节　无缝线路的基本原理（Rationale of CWR） …… 84
  第二节　无缝线路纵向阻力（Longitudinal Resistance of CWR） …… 85
  第三节　无缝线路的稳定性（Stability of CWR） …… 86

第九章　高速铁路 High Speed Railway …… 91
  第一节　中国高速铁路发展的三个阶段（Three Stages of Chinese High Speed Railway Development） …… 91
  第二节　高速铁路技术特征（Technical Characteristics of High Speed Railway） …… 92
  第三节　高速铁路总体设计（Overall Design of High Speed Railway） …… 92
  第四节　高速铁路线形设计（Alignment Design of High Speed Railway） …… 93
  第五节　高速铁路轨道结构（Track Structure of High Speed Railway） …… 94

第十章　重载铁路 Heavy Haul Railway …… 99
  第一节　重载铁路主要技术特征（Main Technical Characteristics of Heavy Haul Railway） …… 99
  第二节　重载铁路线路（Heavy Haul Railway Line） …… 100
  第三节　重载铁路轨道结构（Track Structure for Heavy Haul Railway） …… 101

第十一章　城市轨道交通 Urban Rail Transit …… 106
  第一节　独轨交通（Monorail Transit） …… 106
  第二节　磁悬浮轨道交通（Maglev Rail Transit） …… 107
  第三节　城市轨道交通（Urban Rail Transit） …… 108

第十二章　轨道施工 Track Construction …… 113
  第一节　有砟轨道施工（Construction of Ballast Track） …… 113
  第二节　无砟轨道施工（Construction of Ballastless Track） …… 114
  第三节　无缝线路的铺设（Laying of Jointless Track） …… 116

第十三章 轨道养护与维修 Track Maintenance and Repair …… 122
第一节 轨道修理（Track Repair） …… 122
第二节 有砟道床的养护维修
（Maintenance of Ballast Track Bed） …… 123
第三节 无砟道床的养护维修
（Maintenance of Ballastless Track Bed） …… 124

参考文献 References …… 129

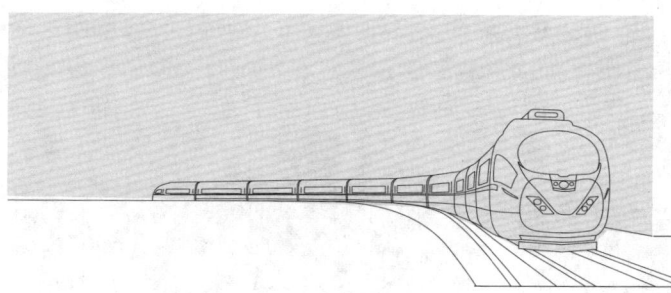

第 一 章

绪 论
Introduction

第一节 交通运输的性质（Nature of Transportation）

交通运输业（transportation）主要包括铁路（railway）、公路（road）、水运（water transport）、航空（aviation）和管道运输（pipeline transport）五种基本的运输方式。随着社会和经济的发展，现代交通运输从各种运输方式的单独作业朝着相互联合、相互协调的方向发展，逐步形成了综合运输体系。这几种运输方式分工合作，相互关联，形成统一的、协调的综合运输生产系统，实现运输高效率、经济高效益、服务高质量，充分体现各种运输方式综合利用的优越性。中国的交通运输业是以铁路为骨干、公路为基础，充分发挥水运，包括内河、沿海和远洋航运的作用，积极发展航空运输，适当发展管道运输，建设全国统一的综合交通运输体系（图 1-1～图 1-5）。

图 1-1 铁路运输

图 1-2 公路运输

图 1-3　水运运输

图 1-4　航空运输

图 1-5　管道运输

第二节　铁路运输的性质（Nature of Railway Transport）

铁路运输业（railway transport）是一个独立的、特殊的物质生产部门，是满足运输需求的社会服务部门，是发展国民经济、提高人民物质文化生活水平的重要基础设施。同时，铁路还具有企业性质，必须重视投入产出问题，建立竞争机制与营销策略，讲究经济效益，以保证铁路的可持续发展。

第三节　铁路运输的技术经济特征
(Technical and Economic Characteristics of Railway Transport)

铁路运输是以固定轨道（track）作为运输道路，由牵引动力（traction power）牵引车辆运送旅客和货物的运输方式。铁路运输具有运输能力比较强、运输速度比较快、安全程度比较高、运输成本比较低、受天气条件的影响比较小，并且占地少、能耗低、污染小等特点。因此，在幅员辽阔的大陆国家，铁路运输是陆地交通运输的主力，适合经常稳定的大宗货物运输（cargo transportation），特别是中长途货物运输，也适合中长途、短途城际和现代高速旅客运输（passenger transportation）的需要。

第四节 世界铁路的发展
(Development of the World Railway)

1. 蓬勃发展期

1825年9月27日，世界上第一条行驶蒸汽机车（steam locomotive）的永久性公用运输设施——英国斯托克顿（Stockton）—达灵顿（Darlington）铁路正式通车，标志着近代铁路运输业的开端（图1-6）。

图1-6 英国第一条铁路——斯托克顿—达灵顿铁路

除英国外，其他国家也相继开始兴建铁路，一直持续到第二次世界大战时期，铁路都在蓬勃发展。

世界主要国家铁路相继修通的年份见表1-1。19世纪末世界铁路总长为65万km左右，第一次世界大战前夕达到110万km，20世纪20年代末达到127万km。

表1-1 世界主要国家铁路修通年份

国 名	修通年份	国 名	修通年份	国 名	修通年份	国 名	修通年份
英 国	1825	加拿大	1836	瑞 士	1844	埃 及	1855
美 国	1830	俄 国	1837	西班牙	1848	日 本	1872
法 国	1832	奥地利	1838	巴 西	1851	中 国	1876
比利时	1835	荷 兰	1839	印 度	1853		
德 国	1835	意大利	1839	澳大利亚	1854		

2. 低迷徘徊期

自第二次世界大战前后至 20 世纪 70 年代中期，由于发达国家在这一时期基本上实现了工业化，其公路、航空运输得到迅速发展，使铁路运输面临公路和航空运输的激烈竞争，加上有的国家政府对于铁路运输发展政策上的失误以及管理不善等原因，致使世界铁路在这一时期发展相对缓慢，甚至出现徘徊不前的状态。但在中国及亚非拉等欠发达地区，铁路仍在不断进步，路网规模也在逐渐增加。

3. 复苏重生期

1970 年的世界能源危机，使公路和航空运输的发展受到限制，唯有铁路运输能耗较少，这促使人们又重新开始重视铁路在交通运输体系中的重要作用。以日本新干线（Shinkansen）、德国 ICE、法国 TGV 为代表的高速铁路的出现，给铁路行业带来了新的生机和活力，铁路行业迎来了历史性的发展机遇，迈入蓬勃发展的春天（图 1-7～图 1-9）。

图 1-7　日本新干线

图 1-8　德国 ICE

图1-9 法国TGV

第五节 中国铁路的发展历程
(Development Course of Chinese Railway)

1. 1949年以前

1876年在上海建成的吴淞铁路（Wusong railway），是中国领土上出现的第一条营业性铁路。该铁路采用726mm窄轨（narrow gauge），列车速度为24～32km/h，通车16个月后被拆除（图1-10）。

图1-10 1876年的吴淞铁路

1881年修建的唐胥铁路（Tangshan-Xugezhuang railway），是中国自行创办的第一条铁路，是清政府为了解决煤炭运输问题而修建的，全长10km（图1-11）。

图 1-11　唐胥铁路

1891 年和 1893 年先后通车的基隆—台北（Keelung-Taipei railway）、台北—新竹（Taipei-Hsinchu railway）的两条铁路，全长 100km，是由中国人自己集资、设计和修建的标准轨距（standard guage）铁路。

1919 年建成的京张铁路（Beijing-Zhangjiakou railway）是中国人自行设计和建造的第一条干线铁路，采用 1435mm 轨距，全长 201km。由于地势很陡，坡度很大，为了使列车安全通过山岭，詹天佑（图 1-12）在青龙桥车站设计了"人"字形爬坡线路，充分显示了中国人民的智慧和力量。

图 1-12　詹天佑塑像

1949年以前的中国铁路特点表现为：分布极不均衡、极不合理，技术设备陈旧落后。

2. 1949年中华人民共和国成立至今

1952年成渝铁路（全长505km）建成通车。

1958年宝成铁路（全长668.2km）建成通车。

1970年成昆铁路（全长1100km）建成通车。成昆铁路工程艰巨，有"地质博物馆"之称。

1992年，建成了大（同）—秦（皇岛）双线（double-line）电气化（electrification）重载运煤专线（全长653.2km），它是中国第一条复线电气化开行重载单元列车（heavy haul unit train）的运煤专用铁路。

1996年，建成了纵贯中国南北的京九铁路。

进入21世纪以后，中国铁路建设进入了黄金机遇期，铁路现代化建设事业发展更为显著，取得了举世瞩目的辉煌成就。

2003年，粤海铁路（全长568.3km）建成通车，是中国第一条跨海铁路（cross-sea railway）。

2006年7月1日，青藏铁路（Qinghai-Tibet railway）——世界第一条高原铁路，全线开通运营。青藏铁路由青海省省会西宁至西藏自治区首府拉萨，全长1956km，面对多年冻土、高寒缺氧、生态脆弱三大世界难题取得了重要突破，是世界上海拔最高、线路最长的高原铁路（plateau railway）。

2007年中国台湾高速铁路（high speed railway）台北—高雄（全长345km）开通运营。

2008年在北京奥运会（Beijing Olympic Games）开幕前夕，京津城际铁路（intercity railway，全长120km）运营通车。京津城际铁路在建设中研制了350km/h的高速动车组（CRH train）。它是中国铁路全面进入高速时代的里程碑。

2011年世界上一次建成里程最长（全长1318km）的京沪高速铁路开通运营。新一代"和谐号"CRH380AL型动车组在试验段创造了486.1km/h的运营试验速度新纪录。

2012年世界上第一条高寒高速铁路——哈大高速铁路（全长921km）正式开通运营。

2012年京广高速铁路（全长2298km）全线开通运营，是世界上最长的高速铁路。

2015年海南环岛高铁西段开通运营，与2010年12月开通运营的海南环岛高铁东段实现连通（全长653km）。海南环岛高铁是世界上第一条热带地区环岛高速铁路。

2016年沪昆高速铁路全线贯通运营（全长2252km），是目前中国东西向线路里程最长、经过省份最多的高速铁路。

截至2022年年底，中国铁路运营总里程（total mileage in operation）已达到15.5万km，其中高速铁路里程达到4.2万km。

第六节　中国铁路建设规划
(Chinese Railway Construction Plan)

2022年，国务院印发《"十四五"现代综合交通运输体系发展规划》（以下简称《规划》）。《规划》确定的主要目标是，到2025年，综合交通运输基本实现一体化融合发展，智能化、绿色化取得实质性突破，综合能力、服务品质、运行效率和整体效益显著提升，交通运输发展向世界一流水平迈进。展望2035年，便捷顺畅、经济高效、安全可靠、绿色集约、智能先进的现代化高质量国家综合立体交通网基本建成，"全国123出行交通圈"（都市区1小时通勤、城市群2小时通达、全国主要城市3小时覆盖）和"全球123快货物流圈"（快货国内1天送达、周边国家2天送达、全球主要城市3天送达）基本形成，基本建成交通强国。

该规划提出，按照国家综合立体交通网"6轴7廊8通道"主骨架布局，构建完善以"十纵十横"综合运输大通道为骨干，以综合交通枢纽为支点，以快速网、干线网、基础网多层次网络为依托的综合交通网络，加快推进存量网络提质增效，聚焦中西部地区精准补齐网络短板，稳步提高通达深度，畅通网络微循环。完善综合运输大通道需要做以下两个方面的准备：

1. 优化综合运输通道布局

建设综合性、立体化、大容量、快速化的交通主轴，构建多方式、多通道、便捷化的交通走廊，强化主轴与走廊间的协调衔接。提升京沪、沪昆、广昆铁路以及陆桥通道和北京至港澳台、黑河至港澳、额济纳至广州、青岛至拉萨、厦门至喀什等通道的功能，推进待贯通段建设和瓶颈段扩容改造，畅通沿海与内陆地区通道。推动通道内各种运输方式的资源优化配置和有机衔接。

2. 加强战略骨干通道建设

推进出疆入藏通道建设，扩大甘新、青新、青藏、川藏四条内联主通道通行能力，稳步推进川藏铁路建设，加快推进新藏铁路和田至日喀则段前期工作、适时启动重点路段建设，有序推进滇藏铁路前期工作，密实优化航空航线网络布局，构建多向联通的通道布局。畅通沿江通道，加快建设沿江高铁，优化以高等级航道和干线铁路、高速公路为骨干的沿江综合运输大通道功能。升级沿海通道，提高铁路通道能力，推进高速公路繁忙路段扩容改造，提升港口航道整体效能，构建大容量、高品质的运输走廊。贯通沿边通道，提级改造普通国省干线，推进重点方向沿边铁路建设，提高安全保障水平。建设西部陆海新通道，发挥铁路在陆路运输中的骨干作用和港口在海上运输中的门户作用，强化东、中、西三条通路，形成大能力主通道，衔接国际运输通道。

（1）出疆通道。建设和田至若羌、伊宁至阿克苏、若羌至罗布泊、精河至阿拉山口增建二线等铁路，实施精河经伊宁至霍尔果斯铁路扩能改造。建成京新高速公路巴里坤至木垒段，完成国道315依吞布拉克—若羌—民丰段建设改造。

（2）入藏通道。建设川藏铁路雅安至林芝段，推进青藏铁路格尔木至拉萨段电气化改造、日喀则至吉隆铁路等项目前期工作，适时启动新藏铁路重点路段建设。建成京藏高速公路那曲至拉萨段、雅叶高速公路拉萨至日喀则机场段，提质改造川藏公路318线、滇藏新通道西藏段（丙察察），推动国道219米林至墨脱段建设，实施川藏铁路配套公路工程。

（3）沿江通道。建设成都经重庆至上海沿江高铁。实施长江中上游干线航道等级提升工程，系统疏解三峡枢纽瓶颈制约，推进三峡翻坝转运、金沙江翻坝转运设施建设，深化三峡水运新通道前期论证。推动宁芜高速、沪渝高速武汉至黄石段、渝宜高速长寿至梁平段以及厦蓉高速、银昆高速成都至重庆段等高速公路扩容改造。

（4）沿海通道。建设上海经宁波至合浦沿海高速铁路。按二级及以上标准推动沿海国道228改造，推进沈海高速火村至龙山段、福鼎至诏安段等扩容改造。

（5）沿边通道。有序推进酒泉至额济纳等铁路建设，开展波密至然乌等铁路前期工作。推动沿边国道219、国道331待贯通和低等级路段建设改造，实现85％以上达到三级及以上标准。

（6）西部陆海新通道。建设黄桶至百色、黔桂增建二线、南防增建二线等铁路，实施隆黄铁路隆昌至叙永段扩能改造。推动呼北高速灌阳至平乐段等国家高速公路待贯通路段建设。研究建设平陆运河。推进广西北部湾国际门户港和洋浦区域国际集装箱枢纽港建设。

第七节　中国铁路建设基本程序
（Basic Procedures of Railway Construction in China）

中国铁路建设基本程序一般可划分为七个阶段：

（1）预可行性研究（pre-feasibility study）。在预可行性研究阶段，要从宏观上论证项目的必要性，为项目建议书提供必要的基础资料。工作内容包括研究建设项目在路网中的意义和作用，邻接铁路的能力制约及加强措施，设计线的客货运量调查、远期预测及设计能力，对地区国民经济发展的意义，外部协作条件及相关工程；线路走向，接轨方案，主要技术标准的初步意向；建设年限，投资估算，资金筹措设想与经济评价；环保评价。

(2) 可行性研究（feasibility study）。为了提高投资与效益的估算精度，决定将现行初测和初步设计的部分工作，特别是关于线路、地质的工作提前到可行性研究阶段进行。工作内容包括线路方案、建设规模、主要技术标准、主要设计原则、主要设备制式及类型和概数、主要工程数量、主要材料概数、用地及拆迁概数、建设工期、投资估算、资金筹措方案及外资使用方案建议、财务评价和国民经济评价。文件组成增加了环保与节能部分。

(3) 初步设计（preliminary design）。工作深度要求达到技术设计水平，应解决各类工程设计方案和技术问题、工程数量、主要设备数量、主要材料数量、用地拆迁数量、施工组织设计及概算。文件经审查批准后，作为控制建设项目总规模和总投资的依据。

(4) 施工图设计（construction design）。工作深度与现行施工图阶段相同，应详细说明施工具体事项和要求。

(5) 工程施工和设备安装（engineering construction and equipment installation）。

(6) 验交投产，正式运营（put into operation after acceptance）。

(7) 后评价（post evaluation）。在铁路运营若干年后，由建设单位会同有关部门对立项决策、设计质量、施工质量、技术经济指标、投资和经济效益等进行后评价，以总结经验，提高决策水平。

专业词汇汉英对照（Glossary）

专业词汇	拼音	英文
铁道工程	tiědào gōngchéng	railway engineer
交通运输	jiāotōng yùnshū	transportation
铁路	tiělù	railway
公路	gōnglù	road
水运	shuǐyùn	water transport
航空	hángkōng	aviation
管道运输	guǎndào yùnshū	pipeline transport
铁路运输	tiělù yùnshū	railway transport
轨道	guǐdào	track
牵引动力	qiānyǐn dònglì	traction power

续表

专业词汇	拼音	英文
货物运输	huòwù yùnshū	cargo transportation
旅客运输	lǚkè yùnshū	passenger transportation
蒸汽机车	zhēngqìjīchē	steam locomotive
新干线	xīngànxiàn	Shinkansen
窄轨	zhǎiguǐ	narrow gauge
标准轨	biāozhǔnguǐ	standard gauge
双线	shuāngxiàn	double-line
电气化	diànqìhuà	electrification
重载单元列车	zhòngzài dānyuán lièchē	heavy haul unit train
跨海铁路	kuàhǎi tiělù	cross-sea railway
高原铁路	gāoyuán tiělù	plateau railway
高速铁路	gāosù tiělù	high speed railway
城际铁路	chéngjì tiělù	intercity railway
高速动车组	gāosù dòngchēzǔ	CRH train
铁路运营总里程	tiělù yùnyíng zǒnglǐchéng	total mileage in operation
客运专线	kèyùn zhuānxiàn	passenger transport line
预可行性研究	yùkěxíngxìng yánjiū	pre-feasibility study
可行性研究	kěxíngxìng yánjiū	feasibility study
初步设计	chūbù shèjì	preliminary design
施工图设计	shīgōngtú shèjì	construction design
后评价	hòupíngjià	post evaluation

思 考 题（Questions）

（1）简述铁路运输的性质。
（2）简述中国铁路的发展历程。
（3）中国铁路建设的基本程序有哪几步？

拓展阅读（Extensive Reading）

中欧班列

中欧班列是指按照固定车次、线路等条件开行，往来于中国与欧洲及"一带一路"沿线各国的集装箱国际铁路联运班列。共开通3条中欧班列运行线：西部通道由中国中西部经阿拉山口（霍尔果斯）出境，中部通道由中国华北地区经二连浩特出境，东部通道由中国东南部沿海地区经满洲里（绥芬河）出境。

2018年6月中国国内已开行城市48个，运输网络覆盖了亚欧大陆的主要区域。截至2019年4月，运行线路达到65条，通达欧洲15个国家的44个城市，累计运送货物92万标箱。截至2019年10月底，中欧班列累计开行数量已近2万列。

2020年中欧班列安全顺畅稳定运行，开行数量逆势增长，有力地服务了新发展格局和国际防疫合作，全年开行中欧班列1.24万列、发送113.5万标箱，同比分别增长50%、56%，综合重箱率达98.4%。年度开行数量首次突破1万列，单月开行均稳定在1000列以上。国内累计开行超过百列的城市增至29个，通达欧洲城市90多个，涉及20余个国家，开行范围持续扩大。

2020年9月1日，中欧班列（渝新欧）跨境电商B2B出口专列满载着43个集装箱成功开行。

2020年中欧班列（西安）全年开行3720列、货物运送总重达281.1万t，班列开行量、重箱率、货运量等核心指标及全年中欧班列质量评价指标位居全国第一。

2021年2月12日消息，目前国内中欧班列累计开行超过百列的城市增加到30个，通达欧洲21个国家106个城市，覆盖大部分中东欧国家，为保障产业链供应链稳定、推动中欧贸易发展、促进国际抗疫合作提供了重要支撑。

京张智慧高铁

北京居庸关与张家口之间，驼队铃响，山道蜿蜒，日日繁忙。早在明清时期，张家口就商贸兴盛，是中国北方重要的物资集散地和对欧贸易的重要陆路商埠，正所谓"百货之所灌输，商旅之所归途"。

京张铁路改变了中国人不能自建铁路的历史。詹天佑建造的"人"字铁路，长了中国人的志气，增强了民族的自信心。百余年后的今天，京张高铁在詹天佑当年设计"人"字线路的顶点下方4m穿过，将"人"字改写为"大"字。京张高铁造福人民，服务社会。

铁路企业一直高度重视发展国家战略科技力量，把铁路建设成为一支体现国家意志、服务国家需求、代表国家水平的战略科技力量作为铁路发展的重中之重。从京张铁路自主设计修建，到京张高铁达到世界先进水平，从时速35km，到时速350km，百年京张见证了中国铁路的发展，也见证了中国综合国力的飞跃，未来，它还将见证中华民族实现伟大复兴的中国梦。

从京张铁路到京张高铁，自主创新始终是铁路不变的魂。铁路高水平的创新主体是开展高水平科技创新，也是科技强企的重要标志。中国高铁建设发展突飞猛进，高铁是中国装备制造的一张亮丽名片，是铁路企业引领带动中国科技创新事业发生的历史性变革、取得的历史性成就。京张高铁由中国自主设计建造，是世界上最先进的智能高速铁路，这条智能高铁还首次采用北斗卫星导航系统，可实现车站自动发车、区间自动运行、车站精准自动对标停车、自动开门防护等。京张高铁的购票、候车、调度、运维等也实现了全面智能化，京张高铁开启了中国智能铁路新时代（图1-13）。

图1-13　京张智慧高铁

目前，中国铁路在关键核心技术领域取得重大突破，抢占了科技创新的制高点，加快实现了中国铁路科技自立自强发展，将创新主动权、发展主动权牢牢掌握在我们铁路人自己的手中；近些年来，中国铁路在国际科技竞争合作中发挥了重要作用，为世界铁路科技发展贡献了更多中国智慧和中国力量。中国自主创新的高铁技术，从无到有，从引进、消化、吸收再创新到自主创新，现在已经领跑世界。中国铁路已经走出了一条更高质量、更有效率、更可持续、更为安全的发展道路。

中国铁路基础研究是创新的源头活水，强化不同学科的深度融合，在独创上下功夫，勇于挑战世界铁路最前沿、最尖端的科学问题，中国铁路将在服务国家战略需求、支撑经济社会高质量发展的道路上越走越远。

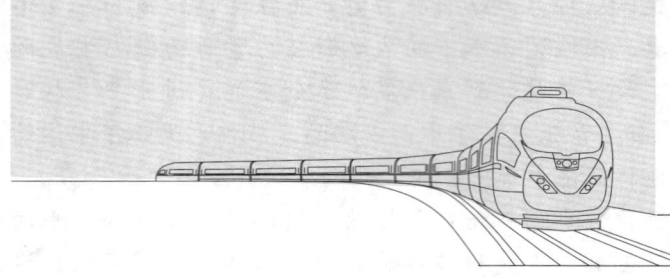

第 二 章

铁路能力
Railway Capacity

第一节 铁路客（货）运量
[Railway Passenger (Freight) Transportation Volume]

铁路客（货）运量指在一定时期内铁路实际运送的旅客（货物）数量。铁路客货运量是影响线路方案取舍的重要因素，是确定铁路设计标准的重要依据，是设计铁路的依据，是评价铁路经济效益的基础，是影响铁路线路方案取舍的重要因素。

在新建及改建铁路设计之前，必须进行客货运量调查，目的是明确设计线行经区域的政治、经济、文化、国防、地理等方面的实际状况和发展需要，确定设计线在铁路网中的地位和作用，作为铁路设计的依据。

第二节 铁路输送能力（Railway Carrying Capacity）

铁路输送能力（C）是指铁路单方向每年能运送的货物吨数，可用公式（2-1）计算。设计各年度的输送能力不应小于经济调查得到的相应年度的货运量。

$$C=\frac{365N_{H}G_{J}}{10^{6}\beta} \tag{2-1}$$

式中　C——铁路输送能力（Mt/a）；

N_H——折算的普通货物列车对数（对/天）；

G_J——普通货物列车净载（net train load）（t）；

β——货运波动系数（fluctuating coefficient of freight traffic），由经济调查确定，通常可取 1.15。

第三节 铁路等级 (Railway Grade)

铁路（线路）等级是铁路的基本标准，应根据其在路网中的作用、性质、设计速度和客货运量确定，分为高速铁路（high speed railway）、城际铁路（intercity railway）、客货共线铁路（mixed passenger and freight railway）、重载铁路（heavy haul railway）。其中客货共线铁路划分为4个等级，即Ⅰ级、Ⅱ级、Ⅲ级、Ⅳ级。具体的条件见表2-1。

表 2-1 铁路等级

等级	铁路在路网中的意义	近期年客货运量（Mt）
Ⅰ级铁路	在路网中起骨干作用的铁路	≥20
Ⅱ级铁路	在路网中起联络、辅助作用的铁路	10（含10）～＜20
Ⅲ级铁路	为某一地区或企业服务的铁路	5（含5）～＜10
Ⅳ级铁路	为某一地区或企业服务的铁路	＜5

注：1. 近期指交付运营后第10年；
    2. 年客货运量为重车方向的货运量与由客车对数折算的货运量之和。每天1对旅客列车按100万 t（1Mt）货运量折算。

第四节 铁路的主要技术标准
(Main Technical Standards of Railway)

铁路技术标准主要包括：正线数目（number of main lines）、限制坡度（restricted slope）、最小曲线半径（minimum curve radius）、牵引种类（traction type）、机车类型（locomotive type）、机车交路（locomotive routing）、车站分布（station distribution）、到发线有效长度（effective length of arrival and departure lines）和闭塞类型（block type）等。

这些标准是确定铁路运送能力大小的决定性因素，对设计线的工程造价和运营质量有重大影响。一条铁路的能力设计，实质上是选定主要技术标准。

铁路能力由货物列车牵引质量（traction quality）和通过能力（passing ability）决定，并受列车运行速度的影响。

第五节 影响牵引质量的主要技术标准
(Major Technical Standards of Affecting Traction Quality)

1. 牵引种类和机车类型

牵引种类，即机车牵引动力的类别。铁路的牵引种类主要有电力机车（electric locomotive）、内燃机车（diesel locomotive）、蒸汽机车（steam locomotive）

三种。中国铁路目前主要有电力和内燃两种牵引类型。蒸汽机车在次要线路和地方铁路偶有使用，多在铁路博物馆展示。今后牵引动力的发展方向为大功率电力和内燃机车（图2-1～图2-3）。

图2-1　电力机车

图2-2　内燃机车

图2-3　蒸汽机车

2. 限制坡度

限制坡度是设计线单机牵引时限制列车牵引质量的最大坡度，用两台或更多机车牵引的较陡坡度称为加力坡度（pusher grade）。它不仅影响线路走向、线路长度和车站分布（distribution of stations），而且直接影响运输能力、行车速度、工程投资、运营支出和经济效益，是铁路全局性技术标准。

3. 到发线有效长度

到发线有效长度是车站到发线上能停留列车而不影响相邻股道作业的最大长度，如图 2-4 所示。它对货物列车长度（即牵引吨数）起限制作用，从而影响列车对数、运能和运行指标，对工程投资、运输成本等经济指标也有一定影响。

图 2-4　西安南站的到发线

第六节　影响通过能力的主要技术标准
(Main Technical Standards of Affecting Passing Ability)

1. 正线数目

双线的通过能力远远超过两条单线的通过能力，而双线的投资比两条平行单线投资少约 30%，旅行速度比单线高约 30%，运输费用低约 20%。

2. 车站分布

车站分布距离的长短决定列车在站间的往返走行时分，从而影响通过能力。车站分布距离影响车站数量，故对工程投资有较大影响，且影响起停次数和运行速度，故对运营支出有直接影响。

3. 闭塞方式

铁路为了保证行车安全、提高运输效率，利用信号设备等来管理列车在站间运行的方法称为闭塞方式。闭塞方式决定车站作业间隔时分，从而影响通过能力。我国铁路的基本闭塞方式有自动闭塞和半自动闭塞。

（1）自动闭塞（automatic occlusion）

自动闭塞时，客货共线铁路区间被分为若干闭塞分区，进一步缩短了同向列车的行车间隔距离。列车运行完全根据色灯信号机的显示：红色灯光表示前方的闭塞分区被占用，列车需要停车；黄色要求列车减速；绿色灯光表示列车可以按规定速度运行。由于信号的显示完全由列车所在位置通过轨道电路来控制，所以称自动闭塞，如图 2-5 所示。

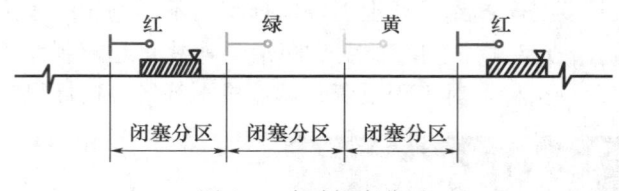

图 2-5 自动闭塞分区

单线上使用自动闭塞，可以提高通过能力，但效果不显著。双线采用自动闭塞可使两列同向列车的追踪间隔时分（tracking interval time）缩短 8～10min，通过能力达 100 对/天。

自动闭塞与调度集中配合，可使所有车站的道岔和信号均由调度员实行远程集中控制，从而加强行车组织的计划性和灵活性。

在调度集中的基础上，利用电子计算机进行列车调度工作，构成行车调度自动控制系统，称为行车指挥自动化。在列车对数大量增加和行车速度不断提高的情况下，行车指挥自动化对提高通过能力和保证行车安全均具有显著的优越性。

(2) 半自动闭塞（semi-automatic occlusion）

半自动闭塞是闭塞机与信号机发生联锁作用的一种闭塞装置。列车进入区间的凭证是出站信号机（starting signal）显示绿灯，出站信号机受闭塞机的控制，只有在区间空闲、双方车站办理好闭塞手续之后，出站信号机方能再次显示绿灯。

单线线路远期应采用半自动闭塞，双线线路应采用自动闭塞。一个区段内应采用同一闭塞类型。

第七节 影响行车速度的主要技术标准
(Main Technical Standards of Affecting Driving Speed)

1. 最小曲线半径

因列车在高速通过弯道时离心力作用向弯道的外侧产生横向力，会对钢轨产生挤压，导致外翻。为了保证列车的行驶安全，在铁路的设计和建造时，规范对不同速度等级的铁路规定了车辆可以安全通过的圆曲线的最小半径，就是线路的最小曲线半径。

2. 机车交路

铁路上运转的机车都在一定区段内往返行驶。机车往返行驶的区段称为机车交路，其长度称为机车交路距离（locomotive routing distance）。机车交路两端的车站称为区段站（district station），机车交路距离影响列车的旅途时间和直达速度。

区段站按工作性质和设备规模分为机务段（基本段）和折返段。机务段配属有一定数量的机车，担任其相邻交路的运转作业，并设有机车整备和检修设备，配属本段的机车在此整备检修，隶属本段的机车乘务组在此居住并轮换出乘。折返段设在机车返程站上，不配属机车。

根据交路类型、运转方式和乘务制度不同，机车交路有多种形式，如图 2-6 所示。

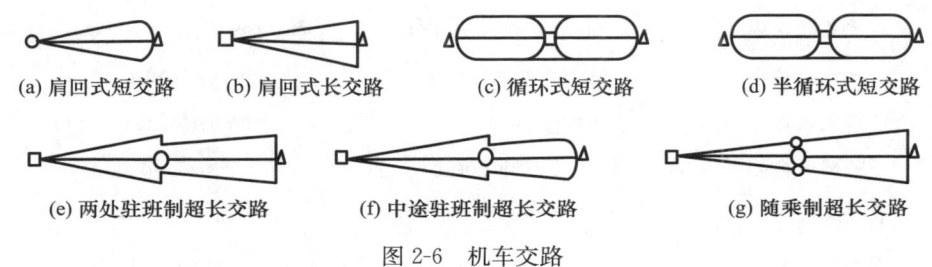

(a) 肩回式短交路　(b) 肩回式长交路　(c) 循环式短交路　(d) 半循环式短交路

(e) 两处驻班制超长交路　(f) 中途驻班制超长交路　(g) 随乘制超长交路

图 2-6　机车交路

（1）机车交路类型

长交路：一个单程交路由一班乘务组承担。

短交路：一个往返交路由一班乘务组承担。

超长交路：一个单程交路由两班乘务组承担。

（2）机车运转方式

肩回式：机车返回区段站均要入段整备。

循环式：机车在相邻两个短交路内往返行驶，在区段站上机车不摘钩在到发线上整备。

半循环式：机车在相邻两个短交路内往返行驶，每一循环入段整备一次。

（3）乘务制度（locomotive crew working system）

包乘制：主要适用于蒸汽机车的乘务。

轮乘制：不固定乘务组，由不同乘务组分段轮流出勤。

专业词汇汉英对照（Glossary）

专业词汇	拼音	英文
铁路客（货）运量	tiělù kè (huò) yùnliàng	railway passenger (freight) transportation volume
铁路输送能力	tiělù shūsòng nénglì	railway carrying capacity

续表

专业词汇	拼音	英文
列车净载	lièchē jìngzài	net train load
货运波动系数	huòyùn bōdòng xìshù	fluctuating coefficient of freight traffic
铁路等级	tiělù děngjí	railway grade
客货共线铁路	kèhuò gòngxiàn tiělù	mixed passenger and freight railway
重载铁路	zhòngzài tiělù	heavy haul railway
正线数目	zhèngxiàn shùmù	number of main lines
限制坡度	xiànzhì pōdù	restricted slope
最小曲线半径	zuìxiǎo qǔxiàn bànjìng	minimum curve radius
牵引种类	qiānyǐn zhǒnglèi	traction type
机车类型	jīchē lèixíng	locomotive type
机车交路	jīchē jiāolù	locomotive routing
车站分布	chēzhàn fēnbù	station distribution
到发线有效长度	dàofāxiàn yǒuxiào chángdù	effective length of arrival and departure lines
闭塞类型	bìsè lèixíng	block type
牵引质量	qiānyǐn zhìliàng	traction quality
通过能力	tōngguò nénglì	passing ability
电力机车	diànlì jīchē	electric locomotive
内燃机车	nèirán jīchē	diesel locomotive
加力坡度	jiālì pōdù	pusher grade
车站分布	chēzhàn fēnbù	distribution of stations
自动闭塞	zìdòng bìsè	automatic occlusion
追踪间隔时分	zhuīzōng jiàngé shífēn	tracking interval time
半自动闭塞	bànzìdòng bìsè	semi-automatic occlusion
出站信号机	chūzhàn xìnhàojī	starting signal
机车交路距离	jīchē jiāolù jùlí	locomotive routing distance
区段站	qūduànzhàn	district station
乘务制度	chéngwù zhìdù	locomotive crew working system

思 考 题（Questions）

（1）中国的铁路等级如何划分？
（2）铁路能力主要指的是什么？
（3）铁路的主要技术标准有哪些？
（4）简述机车交路的类型。

拓展阅读（Extensive Reading）

吸引范围

设计线的吸引范围是设计线吸引客货运量的区域界限，设计线客货运量的调查和预测都是在吸引范围内进行的。吸引范围按运量性质划分为直通吸引范围和地方吸引范围两种（图2-7）。

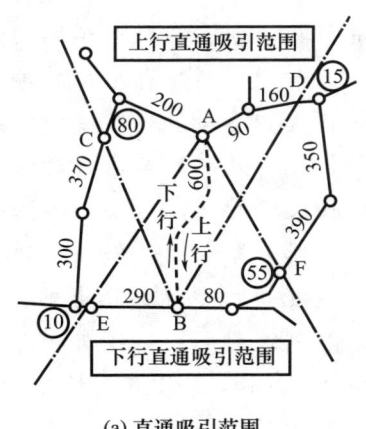
(a) 直通吸引范围

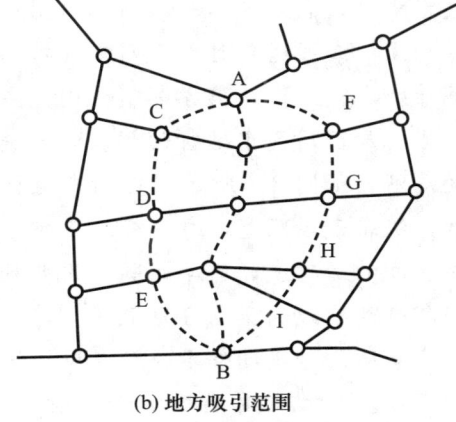
(b) 地方吸引范围

图 2-7　吸引范围

1. 直通吸引范围

直通吸引范围是路网中客货运量通过本设计线运送有利的区域范围。因为铁路运价是按里程计算的，所以直通吸引范围可按等距离的原则划定吸引范围，即在直通吸引范围内的运量，通过设计线要比其他路径运程短。直通吸引范围需按上、下行分别勾画。

初步勾画出直通吸引范围后，需根据以下具体情况加以修正。如：充分利用铁路能力富余的线路，绕过限制区段；充分利用线路平纵断面条件较好的线路，以降低运输成本；考虑直通列车牵引定数划一，力争中途不换重；充分利用空车，减少排空运输等。

2. 地方吸引范围

地方吸引范围是在设计线经行地区内，客货运量要由设计线运送的有利区域范围。其运量包括运出、运入和在本线装卸的货物。

地方吸引范围可按运量由设计线运送运价最低（运距最短）的原则来确定。可先作设计线经济据点（城市、工矿区等）与邻接铁路经济据点的连线，再连接各连线的中点，即可粗略画出吸引范围，然后考虑公路、水运的布局与运价情况，山脉、河流等自然条件及行政区划等具体情况加以修正。若某线吸引范围边界附近的经济据点，不能确定是否属于设计线吸引范围时，可根据货流方向计算不同径路的运价（包括公路、铁路运费与装卸费用），并考虑倒装次数、运送时间等利弊加以确定。

列车运行图

列车运行图是用以表示列车在铁路的区间运行及在车站到发或通过时刻的技术文件，它规定各车次列车占用铁路区间的程序、列车在每个车站的到达和出发（或通过）时刻、列车在铁路区间的运行时间、列车在车站的停站时间等，它是组织铁路各部门共同完成国家运输任务的基础。列车运行图是运用坐标原理对列车运行时间、空间关系的图解表示，是对列车运行时空过程的图解，如图2-8所示。在列车运行图上，横轴表示时间，每10min画一竖线；纵轴表示距离，每一分界点中心画一横线。两分界点间的斜线为列车在该区间的运行线，斜率越陡，说明列车走行速度越快，走行时分越短。斜线与相邻两横线的交点分别表示列车出发、通过和到达时间；斜线与相邻两横线交点间的时段，表示列车在该区间的走行时分。例如，图2-8中的27028次列车通过C站的时间是0时06分，到达B站的时间是0时20分，其间走行时分为14min。运行图上还显示出列车在站停留时间，例如27028次列车在B站从0时20分到达至0时27分发车，共停站7min。

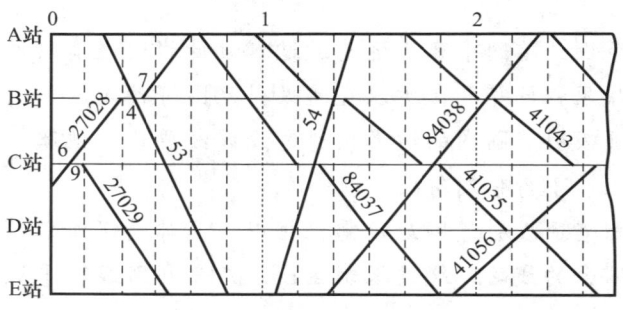

图2-8 单线非平行运行图

运行图中的列车编号：离北京渐远方向的列车编号为单数，称为下行列车；向北京渐近方向的列车编号为偶数，称为上行列车。

铁路运营采用的是非平行运行图（图 2-8）。因为在铁路上开行的旅客列车、直通货物列车、摘挂列车和零担列车的速度各不相同，所以在运行图上各种列车在同一区间的运行线互不平行。非平行运行图只在实际运营中使用。

铁路设计采用的是平行成对运行图（图 2-9）。这种运行图假定在线路上运行的都是直通列车，往返成对且同一区间同一方向的列车运行速度相同，故其运行线相互平行。采用平行成对运行图，便于直接计算通过能力。

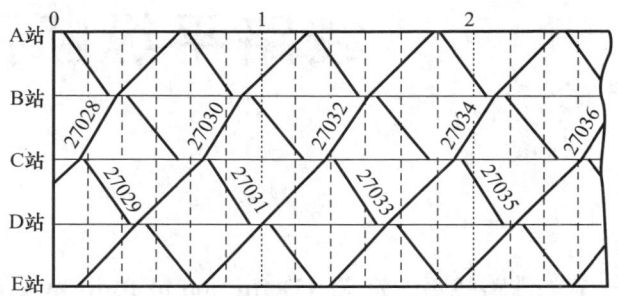

图 2-9 单线平行成对运行图

平行成对运行图是研究各种类型运行图性质和规律的基础。计算区间通过能力时，一般是首先计算平行运行图的区间通过能力，然后，在平行运行图区间通过能力的基础上，再根据其他各种列车规定的开行数量和相应的扣除系数计算非平行运行图的区间通过能力。

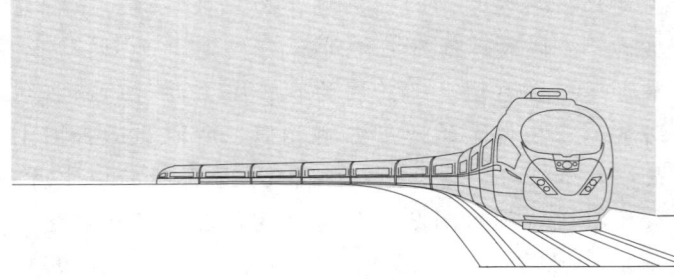

第 三 章

线路平纵断面设计
Horizontal and Vertical Section Design of Railway

第一节 铁路线路的定义 (Definition of Railway Line)

铁路线路是指铁路中心线在空间的位置，以路基横断面（cross section）上距外轨半个轨距的铅垂线 AB 与路肩（road shoulder）水平线 CD 的交点 O 在纵向上的连线表示，如图 3-1 所示，简称为线路中线。

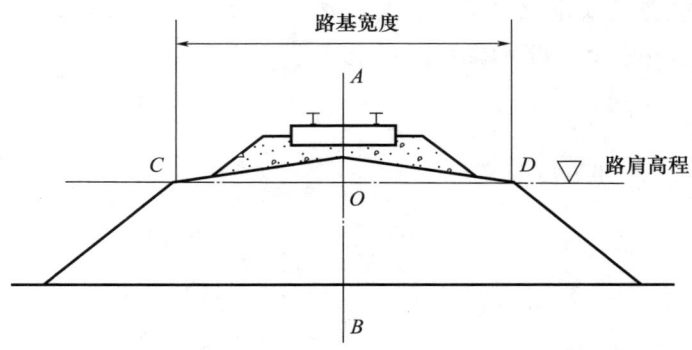

图 3-1 路基横断面

线路在空间的位置是由它的平面（plane section）和纵断面（longitudinal section）决定的。线路平面是指铁路中心线（railway central line）在水平面上的投影，表示线路在平面上的具体位置；线路纵断面是沿线路中心线所作的铅垂面在纵向展直后，线路中心线的立面图，表示线路起伏状况，其高程为路肩高程（shoulder elevation）（图 3-2、图 3-3）。

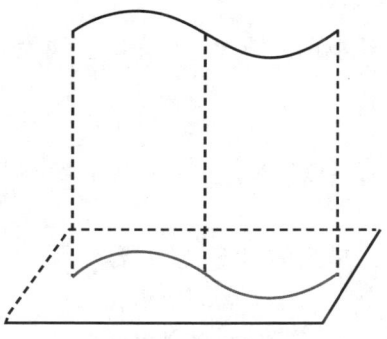

图 3-2 平面投影图

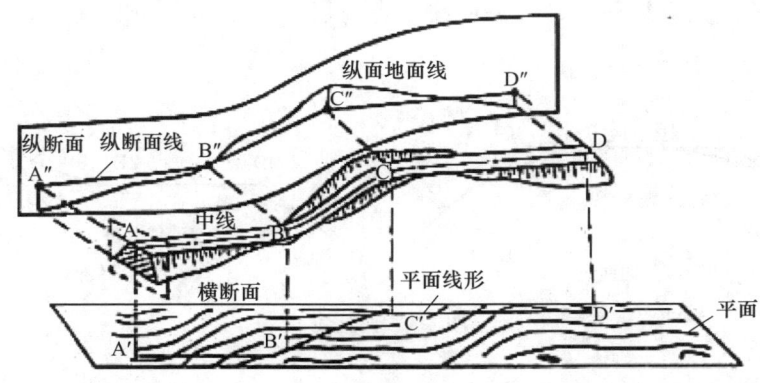

图 3-3 线路位置示意图

线路平面和纵断面设计必须满足以下三方面的基本要求:

(1) 必须保证行车安全和平顺。非正常情况主要是指：脱钩（unhooking）、断钩（coupler failure）、脱轨（derailment）、途停（stopping）、运缓（slow）。要保证旅客乘车舒适（passenger comfort）。

(2) 力争节约资金。既要力争减少工程数量、降低工程造价，又要考虑为施工、运营、维修提供有利条件，节约运营支出。

(3) 既要满足各类建筑物的技术要求，还要保证它们协调配合、总体布置合理。

第二节 区间线路平面（Plane of Interval Line）

平面线路设计主要有以下三种基本线形：直线与夹直线（straight line and straight line between two curves）、圆曲线（circular curve）和缓和曲线（transition curve）。

1. 直线与夹直线

直线是铁路线路中广泛应用的线形,列车在直线段上运行时受力简单,行车条件优于曲线地段。

直线设计的一般原则:

(1) 在选定直线位置时,要根据地形条件使直线与曲线相互协调,使线路所处位置最为合理。

(2) 设计线路平面,力求设置较长直线段,减少交点个数,以缩短线路长度、改善运营条件。

(3) 选定直线位置时,力求减小交点转角的度数。

在曲线毗邻路段,为了保证线形连续和行车平顺,两相邻曲线间应有一定长度的直线段。该直线段,即前一曲线终点与后一曲线起点间的直线,称为夹直线,如图 3-4 所示。

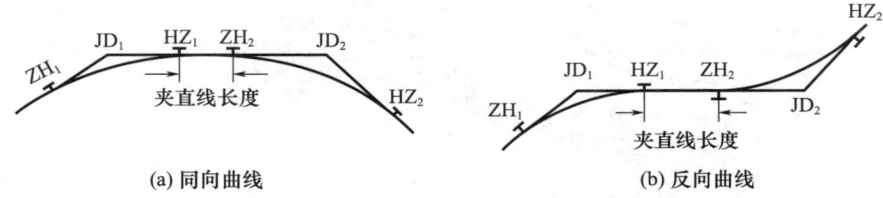

图 3-4 夹直线

2. 圆曲线

曲线的几何要素:偏角(declination)α、半径(radius)R、切线长(tangent length)T_y、曲线长(curve length)l_y 和外矢距(apex distance)E_y。

其中,关于半径的计算方法是:

(1) 最小曲线半径(minimum curve radius)

最小曲线半径既要保证旅客行车通过曲线时的旅客舒适条件,又要考虑货物列车通过时不致引起轮轨的严重磨耗。其数值应采用其中的较大值,并取为 50m 整倍数,如式(3-1)所示。

$$R_{\min}=\frac{11.8\,(V_{\max}^2-V_D^2)}{[h_q]+[h_g]} \quad (3\text{-}1)$$

式中 $R_{\min}$——最小曲线半径(m);

$V_{\max}$——列车最高行驶速度(km/h);

V_D——货物列车设计速度(km/h);

$[h_q]$——允许欠超高值(mm);

$[h_g]$——允许过超高值(mm)。

(2) 最大曲线半径（maximum curve radius）

最大曲线半径通常是在小偏角情况下为保证最小曲线长度而采用的，最大曲线半径标准主要受线路的铺设、养护、维修养护精度控制，因此需要研究最小偏角条件下，在一定管理波长时可以检测到的矢距，据此研究最大曲线半径标准。

3. 缓和曲线（Transition Curve）

为使列车安全、平顺、舒适地由直线过渡到圆曲线，在直线与圆曲线之间要设置缓和曲线。

(1) 线形选择

平面缓和曲线线形的选定应满足行车安全、平顺和旅客舒适度要求。考虑到三次抛物线线形简单、设计方便，平立面有效长度长，现场运用、养护经验丰富等特点，中国各类轨道交通规范均规定以三次抛物线作为缓和曲线的线形。

(2) 长度计算

为使行车安全和旅客舒适，缓和曲线长度应满足以下条件（图 3-5）：

① 保证超高（superelevation）顺坡不致使车轮脱轨；
② 保证超高变化率不致影响旅客舒适；
③ 保证未被平衡的离心加速度变化率不致影响旅客舒适。

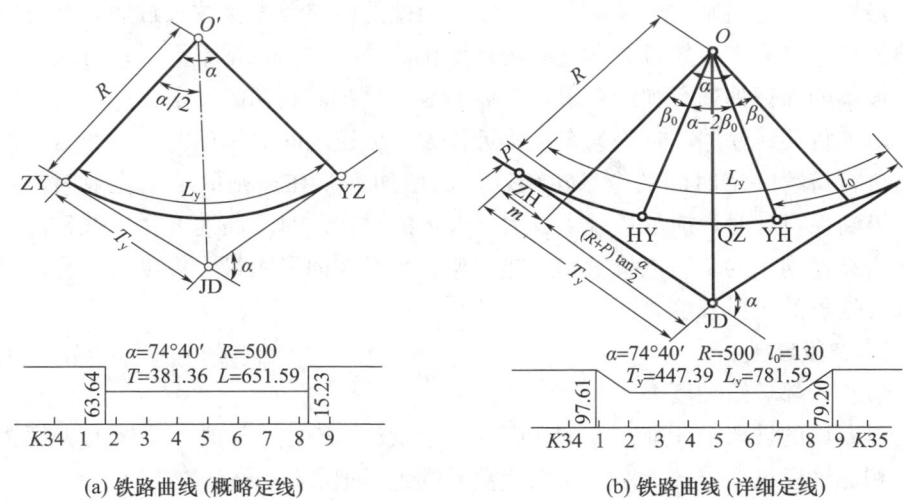

(a) 铁路曲线（概略定线）　　(b) 铁路曲线（详细定线）

图 3-5　铁路平面曲线图

第三节　区间线路纵断面
(Longitudinal Section of Interval Line)

线路纵断面是由长度不同、陡缓各异的坡段组成的。坡段的特征用坡段长度（length of slope section）和坡度值（gradient）表示，如图 3-6 所示。

1. 线路的最大坡度

新建铁路的最大坡度是纵断面设计采用的设计坡度最大值。普通铁路线路的设计最大坡度是由列车的牵引质量要求决定的；高速铁路最大坡度不受牵引质量的限制，而应根据工程和运营两方面的技术经济条件，确定设计线的最大坡度。

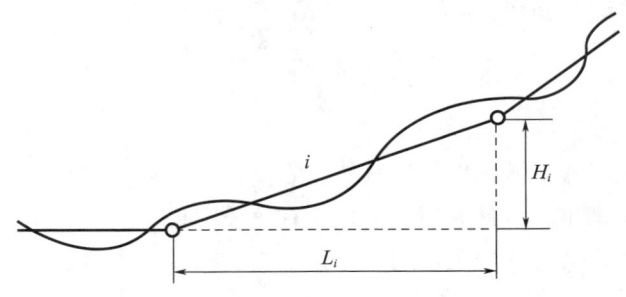

图 3-6　坡长与坡度示意图

2. 坡段长度

相邻两坡段的坡度变化点称为变坡点（slope changing points）。相邻两变坡点间的水平距离称为坡段长度。

最短坡长的限制主要是从列车行驶平稳性的要求考虑。坡长过短，在连续起伏路段列车容易产生超重与失重的频繁变化，导致乘客感觉不舒适；且缓坡太短时上坡不能保证加速行驶的要求，下坡不能满足减缓制动的要求。

对客货共线铁路，货物列车在接近长大下坡道区间的车站时，列车自动制动机需进行持续一定时间的全部试验，从而增加列车在车站的停站作业时间，因此，纵断面设计时，应尽量减少长大下坡道的设置。对于高速客运专线铁路，为了防止高速列车的牵引电机发生过热现象，当纵断面采用最大坡度时，宜限制最大坡度地段的坡段长度。

3. 坡段连接

（1）相邻坡段坡度差

纵断面的坡段有上坡、下坡和平坡。上坡的坡度为正值，下坡的坡度为负值，相邻坡段坡度差的大小，应以代数差的绝对值 Δi 表示。

（2）竖曲线（vertical curve）

在线路纵断面上，以变坡点为交点，连接两相邻坡段的曲线称为竖曲线。其主要作用是：缓和纵向变坡处行车动量变化而产生的冲击作用，确保道路纵向行车视距；将竖曲线与平曲线恰当地组合，有利于路面排水和改善行车的视线诱导和舒适感。

常用的竖曲线有两种线形：一种为抛物线形，即用一定变坡率的 20m 短坡段连接起来的竖曲线；抛物线形（parabola-shape）在设计和计算上较圆曲线方便。另一种为圆弧形（circular-arc）竖曲线，因圆弧竖曲线测设、养护方便，目前国内外均大量采用，如图 3-7 所示。

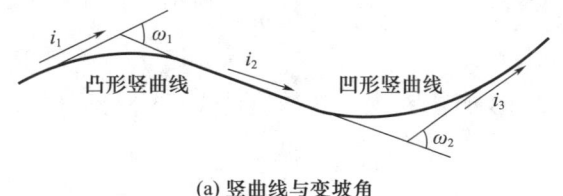

(a) 竖曲线与变坡角

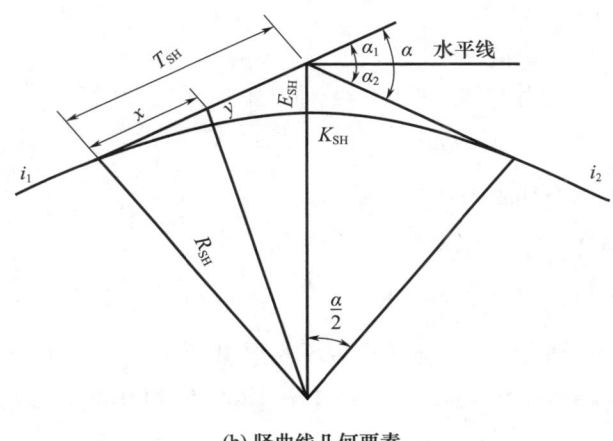

(b) 竖曲线几何要素

图 3-7 竖曲线示意图

4. 最大坡度折减

线路纵断面设计时，在需要用足限制坡度和加力牵引坡度的路段，当平面上出现曲线和遇到长于 400m 的隧道时，因为列车附加阻力（additional resistance）增大和轮轨间黏附系数（adhesion coefficient）降低，而需要将最大坡度值减缓，以保证普通货物列车受到的总阻力和机车所能产生的牵引力相等，使列车能以机车计算速度等速运行通过该路段，称为最大坡度折减（maximum gradient compensation），如图 3-8 所示。

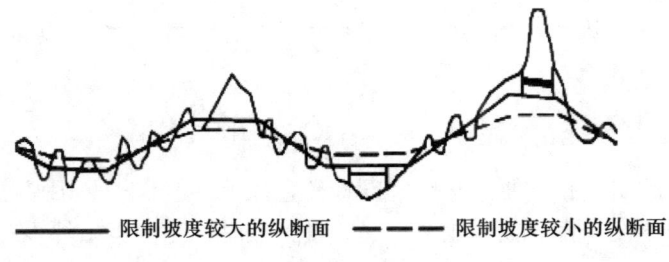

图 3-8 不同限制坡度纵断面图

在曲线地段，货物列车受到的附加阻力是设计坡度的坡度阻力和曲线阻力之和，其不得超过最大坡度（maximum gradient）的坡度阻力，以保证货物列车不低于计算速度运行。设计坡度 i 如式（3-2）所示：

$$i = i_{max} - \Delta i_R \quad (‰) \qquad (3\text{-}2)$$

圆曲线长度≥货物列车长度时，折减值见式（3-3）：

$$\Delta i_R = \frac{600}{R} \quad (‰) \qquad (3\text{-}3)$$

圆曲线长度＜货物列车长度时，折减值计算如式（3-4）所示：

$$\Delta i_R = \frac{10.5\alpha}{L_i} \quad (‰) \qquad (3\text{-}4)$$

式中　i_{max}——最大坡度值（‰）；

Δi_R——曲线阻力的相应坡度折减值（‰）；

R——曲线半径（m）；

$\frac{600}{R}$——曲线附加阻力，以‰表示；

α——曲线偏角（°）；

L_i——折减坡段的长度（m）。

第四节　站坪的平纵断面
(Horizontal and Vertical Sections of Station Site)

在铁路正线的平、纵断面上设置车站配线的地段叫作站坪（station site）。在正线上为满足车站配线布置所需的长度为站坪长度（length of station site）。站坪长度取决于远期车站布置图形、到发线数量、到发线有效长以及道岔区长度等因素。

站坪长度由到发线有效长 L_{yx} 和两端咽喉区长度 L_{yh} 组成的总长度 L_z，如图 3-9 所示。

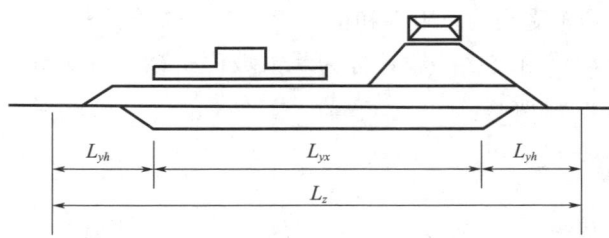

图 3-9　站坪长度示意图

为了作业的安全和方便，站坪应设置在直线上。但在特殊困难条件下，若受地形条件限制，设在直线上可能会引起大量工程时，允许将站坪设在曲线上，但曲线半径应符合相应技术条件确定的最小曲线半径值要求。车站咽喉区的正线应设在直线上。车站咽喉区范围内有较多道岔。道岔设在曲线上有严重缺点：如尖轨不密贴、磨耗严重，道岔导曲线和直线部分不好联结，轨距复杂不好养护，列车通过摇晃厉害且易脱轨；曲线道岔又需特别设计和制造。

站坪应设在平道上，以确保车站作业的方便和安全。但在自然纵坡较陡的地形条件下，为了节省工程量或争取线路高度，允许将站坪设在坡道上，其设计坡度应满足下列要求：

（1）保证车站停放的车辆不致溜滑和站内调车作业的安全。
（2）保证停站列车顺利启动。

专业词汇汉英对照（Glossary）

专业词汇	拼音	英文
平面	píngmiàn	plane section
纵断面	zòng duànmiàn	longitudinal section
横断面	héng duànmiàn	cross section
铁路中心线	tiělù zhōngxīn xiàn	railway central line
路肩	lùjiān	road shoulder
路肩高程	lùjiān gāochéng	shoulder elevation
脱钩	tuōgōu	unhooking
断钩	duàngōu	coupler failure
脱轨	tuōguǐ	derailment
直线	zhíxiàn	straight line
圆曲线	yuánqūxiàn	circular curve
缓和曲线	huǎnhéqūxiàn	transition curve
夹直线	jiázhíxiàn	straight line between two curves
偏角	piānjiǎo	declination
半径	bànjìng	radius
切线长	qiēxiàncháng	tangent length
外矢距	wàishǐjù	apex distance
最小曲线半径	zuìxiǎo qūxiàn bànjìng	minimum curve radius

续表

专业词汇	拼音	英文
最大曲线半径	zuìdà qūxiàn bànjìng	maximum curve radius
超高	chāogāo	superelevation
坡段长度	pōduàn chángdù	length of slope section
坡度值	pōdùzhí	gradient
变坡点	biànpōdiǎn	slope changing points
竖曲线	shùqūxiàn	vertical curve
抛物线形	pāowùxiànxíng	parabola-shape
圆弧形	yuánhúxíng	circular-arc
最大坡度折减	zuìdà pōdù zhéjiǎn	maximum gradient compensation
附加阻力	fùjiā zǔlì	additional resistance
黏附系数	niánfù xìshù	adhesion coefficient
最大坡度	zuìdà pōdù	maximum gradient
站坪	zhànpíng	station site
站坪长度	zhànpíng chángdù	length of station site

思考题 (Questions)

(1) 简述线路平纵断面设计的基本要求。
(2) 夹直线长度不满足要求时，应如何修改线路？
(3) 设置缓和曲线的目的是什么？如何计算缓和曲线长度？
(4) 在线路纵断面设计中，为什么要进行坡度折减？
(5) 将下面的英文翻译成中文。

A track transition curve, or spiral easement, is a mathematically calculated curve on a section of highway, or railroad track, where a straight section changes into a curve. It is designed to prevent sudden changes in lateral (or centripetal) acceleration. In plan the start of the transition of the horizontal curve is at infinite radius and at the end of the transition it has the same radius as the curve itself, thus forming a very broad spiral. At the same time, in the vertical plane, the outside of the curve is gradually raised until the correct degree of bank is reached.

拓展阅读（Extensive Reading）

线间距离

为了确保机车车辆在铁路线路上的运行安全，防止机车车辆撞击邻近线路的建筑物和设备，对机车车辆和接近线路的建筑物、设备所规定的不允许超过的轮廓尺寸线，就是铁路限界。铁路限界包括基本限界和超限限界，如图 3-10、图 3-11 所示。

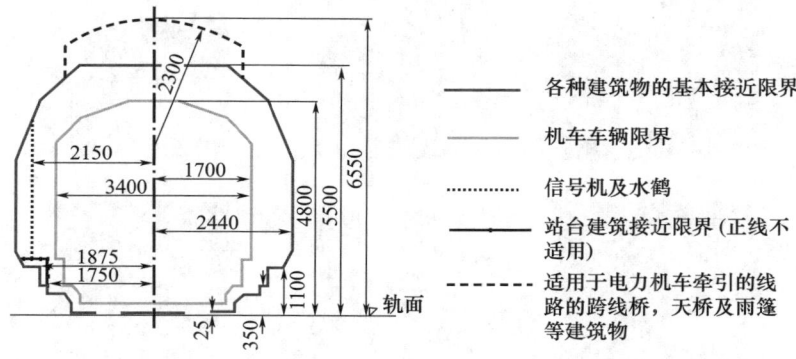

图 3-10 基本限界（单位：mm）

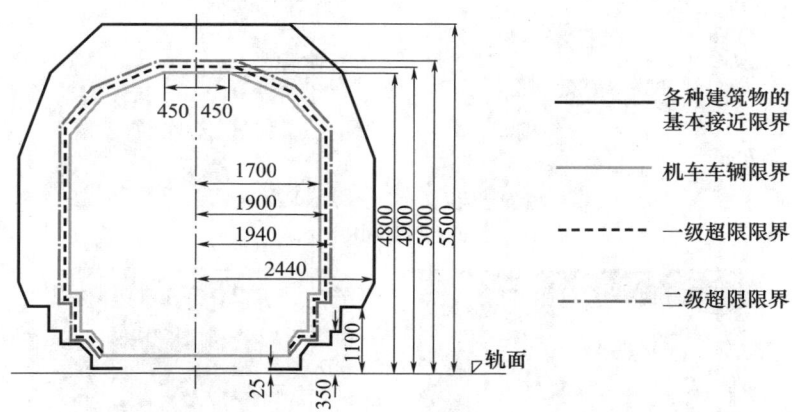

图 3-11 超限限界（单位：mm）

1. 基本限界

机车车辆限界：机车车辆横断面的最大极限。

建筑接近限界：是一个和线路中心线垂直的横断面。

2. 超限限界

超限限界：货物任何部分的高度和宽度超过机车车辆限界时，称为超限限界。

根据货物超限的程度可分为：一级超限、二级超限、超级超限。

线路上各种标志

线路标志按公里计算方向应设在线路左侧。双线区段须另设标志时，应设在列车运行方向的左侧。主要有：公里标、半公里标、曲线标、圆曲线和缓和曲线始终点标、桥梁标、坡度标、管界标、站界标等，如图3-12所示。

(a) 里程标

(b) 坡度标

(c) 曲线标和桥梁标

(d) 渠沟标和隧道标

图3-12 线路标志图

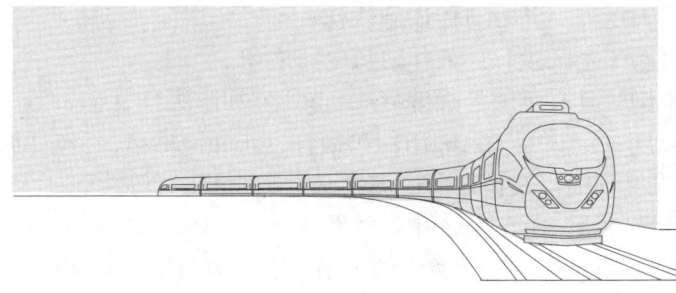

第 四 章

轨道结构
Track Structure

轨道是铁路的主要技术装备之一，是行车的基础。轨道的作用是引导机车车辆运行，直接承受列车荷载作用，并把荷载分布传递给路基或桥隧建筑物。

轨道结构应该保证机车车辆在规定的最大载重和最高速度运行时，具有足够的强度、稳定性、平顺性和合理的维修周期。

以有砟轨道为例，轨道结构自上而下由钢轨（rail）、轨枕（sleeper）、碎石道床（crushed stone track bed）等力学性能不同的材料组成，钢轨之间用接头联结零件联结或焊接，钢轨和轨枕用扣件联结，在站场还有用于列车转换轨道的道岔。

轨道结构是长大结构物，其跨越各种地理环境，受到多种环境因素影响。轨道荷载具有重复性和随机性特点。

荷载的重复性表现在：一是指不同的列车通过时荷载的反复作用；二是指每辆列车通过时每个车轮荷载的反复作用。

荷载的随机性是指振动机振动产生的荷载是随机的。这是因为列车在轨道上运行时，由于客观存在的轨道不平顺、车轮不圆顺、车轮的蛇形运动等原因，使轮轨系统产生冲击和振动。轮轨不平顺是轮轨系统的激振源，不平顺的波长、波深、出现位置都有很大的不确定性。

轨道是边维修边工作的工程结构，其工作特点是维修的经常性和周期性。

第一节 钢轨（Rail）

钢轨是轨道最重要的部件。它的作用是：

（1）为车轮提供连续、平顺和阻力最小的滚动表面，引导列车运行方向；

(2) 直接承受车轮的巨大压力,并分布传递到轨枕;

(3) 在电气化铁道或自动闭塞区段,还兼作轨道电路之用。

为完成上述功能,要求钢轨具有足够的强度(strength)和耐磨性(wear resistance)、较高的抗疲劳强度(fatigue strength)和韧性(toughness)、一定的弹性(elasticity)、足够的光滑顶面以及良好的可焊性(weldability)等性能。

钢轨类型以每米大致质量(kg/m)划分。中国铁路钢轨有43kg/m、50kg/m、60kg/m、75kg/m四种类型,以适应不同运营条件的使用要求。中国钢轨标准长度分12.5m及25m两种(对于75kg/m钢轨只有25m长一种),另外还有曲线内股缩短轨。

钢轨采用"工"字形断面(cross section),由轨头(rail head)、轨腰(rail web)和轨底(rail foot)三部分组成(图4-1),这是因为列车作用于直线钢轨上的力主要是竖向力,其结果是使钢轨挠曲(bend),钢轨被视为支承在弹性基础(elastic base)上的无限长梁,而梁抵抗挠曲的最佳断面形状为"工"字形。

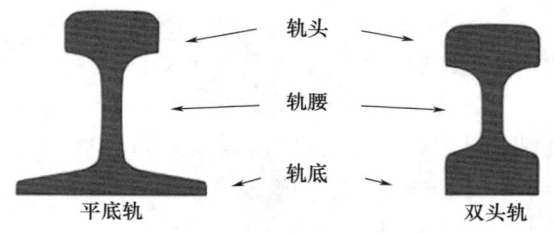

图 4-1 平底轨和双头轨

第二节 轨枕(Sleeper)

轨枕承受来自钢轨的各向压力,并分布传递给道床,同时,能有效地保持轨道的几何形位,特别是轨距(gauge)和方向(alignment)。轨枕应具有必要的坚固性、弹性和耐久性,并能用于固定钢轨,有抵抗纵向和横向位移的能力。

轨枕按其材质主要分木枕(wooden sleeper)、混凝土枕(concrete sleeper)、钢枕、塑料轨枕和复合式铁路弹性轨枕(图4-2~图4-5)。因混凝土枕纵、横向阻力较大,可提高线路的稳定性;铺设高弹性垫层(elastic cushion)可以保证轨道弹性均匀;使用寿命长,可以降低轨道的养护维修费用;特别是铺设混凝土枕可以节约大量的优质木材,对铁路运输事业的发展具有重要意义。预应力钢筋混凝土枕(prestressed reinforced concrete sleeper)因施加一定的预压应力,具有抗裂性能(crack resistance)好、用钢量少的优点,因此中国主要采用整体式预应力钢筋混凝土枕。

图 4-2 木枕　　　　　　　　图 4-3 混凝土枕

图 4-4 塑料轨枕　　　　　　图 4-5 复合式铁路弹性轨枕

第三节　联结部件（Coupling Components）

联结部件分联结钢轨与钢轨的接头（joint）联结部件、联结钢轨与轨枕的中间联结部件。

接头联结部件（coupling components）由钢轨夹板和螺栓、弹簧垫圈（spring washer）等组成。普通有缝线路（jointed rail）上，标准长度的钢轨用接头联结部件进行联结，使钢轨联结部分具有与钢轨一样的整体性，给列车提供连续的滚动表面，承受列车通过时作用于其上的动荷载，并满足钢轨伸缩的要求。接头处轮轨动力作用大，相应的养护维修工作量大。因此，钢轨接头是轨道结构的薄弱环节之一，如图 4-6 所示。

图 4-6 钢轨接头

钢轨接头的类型按左右股钢轨接头相互位置来分有相对式（轨缝对接）和相错式（轨缝错接）两种，如图 4-7 所示。

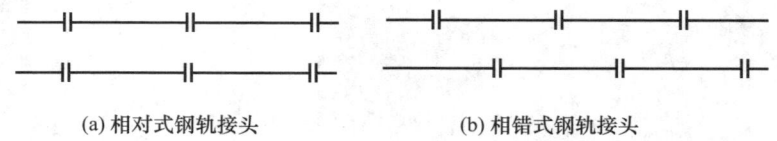

(a) 相对式钢轨接头　　　　　　(b) 相错式钢轨接头

图 4-7 相对式和相错式钢轨接头

接头的联结形式按其相对于轨枕位置划分，可分为悬空式和承垫式两种。我国一般采用相对悬空式，即左右两股钢轨接头应对齐，同时位于两接头轨枕中间，如图 4-8 所示。

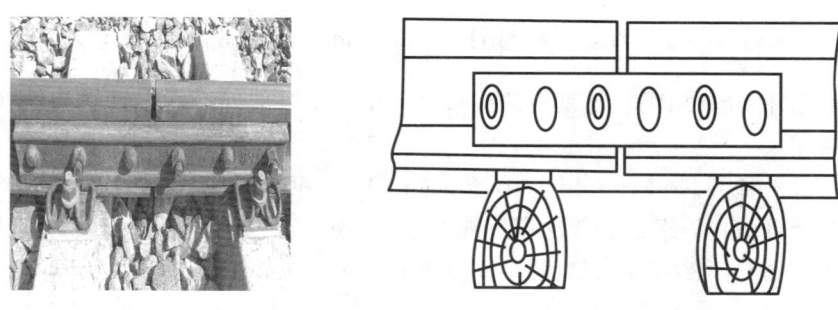

图 4-8 悬空式

按接头联结的用途及工作性能分为导电接头、绝缘接头等，如图 4-9 和图 4-10 所示。

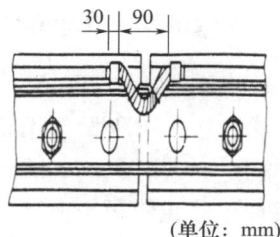 

图 4-9　导电接头

 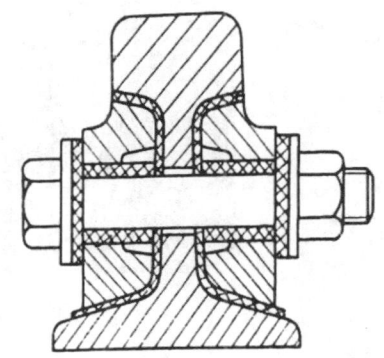

图 4-10　绝缘接头

中间联结部件又称扣件（fasteners），是联结钢轨和轨枕的部件，其作用是固定钢轨的位置，阻止钢轨纵、横向移动，防止钢轨翻转，确保轨距正常并在机车车辆的动力作用下，发挥一定的缓冲减振性能，延缓线路残余变形的累积。因此扣件不仅要具有足够的强度和扣压力，还应具有良好的弹性和一定的调整能力，如图 4-11 所示。

 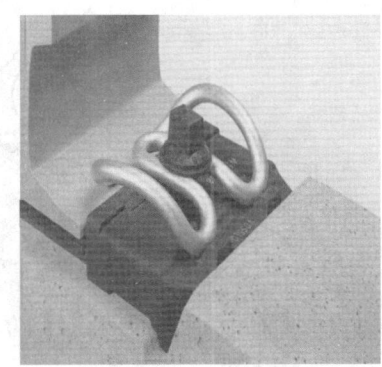

图 4-11　扣件

第四节 轨道加强设备（Track Strengthening Equipment）

轨道加强设备主要有防爬设备（anti-climbing equipment）、轨距杆（gauge rod）、轨撑（rail bracing）等，主要用于木枕线路。防爬设备用于加强钢轨与轨枕间的联结，增加线路抵抗钢轨纵向爬行的能力，如图 4-12 所示。在线路曲线上安装轨撑和轨距杆，可提高钢轨横向稳定性，防止轨距扩大。

图 4-12　防爬设备

第五节 有砟轨道（Ballast Track）

有砟轨道是铁路传统的轨道形式，由钢轨、轨枕、道床、联结零件、道岔（turnout）及轨道加强设备组成，是轨道结构的主要形式之一。它具有弹性良好、价格低廉、更换与维修方便、吸噪性能好等优点。但相对于无砟轨道来说，也具有线路平面几何形状不易保持、使用寿命短、养护维修工作量大等缺点（图 4-13）。

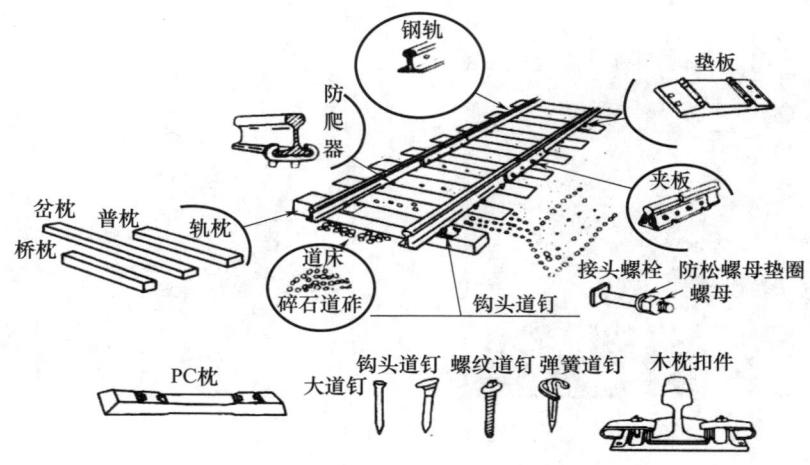

图 4-13　有砟轨道

碎石道床（crushed stone track bed）是有砟轨道的重要组成部分，是轨道框架（track-frame）的基础，其功能是承受来自轨枕的压力并均匀地传递到路基上，使之不超过路基面的容许应力（allowable stress）；提供轨道的纵横向阻力，保持轨道的稳定；提供轨道的弹性，减缓和吸收轮轨的冲击和振动；提供良好的排水性能，以及提高路基的承载力和减少基床病害；便于轨道的养护维修作业，校正线路的平纵断面。为适应道床的上述功能，道砟应具有以下性能：质地坚韧，有弹性，不易压碎和捣碎；排水性能好，吸水性差；不易风化，不易被风吹动或被水冲走。

碎石道床断面（图4-14）包括道床厚度、顶面宽度及边坡坡度三个主要特征。道床厚度是指直线上钢轨或曲线上内轨中轴线下轨枕底面至路基顶面的距离。

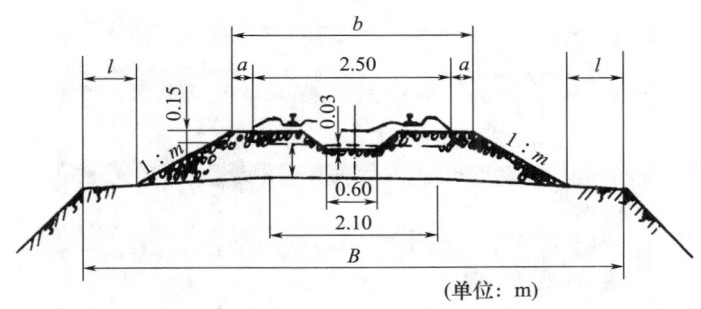

a—道床肩宽；b—道床顶面宽度；l—路肩宽度；B—路基面宽度

图4-14 碎石道床断面

道床厚度与道床弹性、道床脏污增长率、垫砟层（the layer under ballast）的承载力以及路基面的承载力有关。道床顶面宽度与轨枕长度和道床肩宽（the width of the track bed shoulder）有关，因轨枕长度基本上是规定的，所以道床顶面宽度主要取决于道床肩宽。道床边坡坡度大小对保证道床的坚固稳定有十分重要的意义。道床边坡的稳定性取决于道砟材料的内摩擦角（internal friction angle）与黏聚力（cohesion），也与道床肩宽有一定的联系。

第六节 无砟轨道（Ballastless Track）

无砟轨道是指不用道砟铺设的轨道结构，其与有砟轨道结构的根本区别在于用塑性变形小、耐久性好的混凝土（concrete）或沥青材料代替了有砟轨道结构中容易磨耗、粉化和破碎的道砟材料。相对有砟轨道，无砟轨道结构具有以下优点：良好的稳定性、平顺性、耐久性；结构高度低、自重轻，可降低隧道开挖面积，减少桥梁恒载；道床整洁美观，可消除列车运行时的道砟飞溅；轨道变形缓慢，可减少养护维修工作量。缺点是初期投资费用高、刚度大、轨道弹性差、振动噪声大。

无砟轨道结构一般由钢轨、轨枕、混凝土整体道床、联结零件和道岔等部件组成。由于无砟轨道取消了有砟轨道中起弹性、减振和调整轨道变形作用的道砟层，所以轨道所需弹性和调整量主要由扣件提供。此外，在有减振降噪要求的地段，无砟轨道扣件系统还要考虑减振降噪的要求。无砟轨道类型较多，常见的有板式轨道（slab track）、双块式轨道（double-block track）、长枕埋入式轨道（long sleeper buried track）、弹性支承轨道（elastic support track）等。一般成熟的无砟轨道系统都具有适用于各种基础（桥梁、隧道、土路基和岔区等）的形式，若有减振降噪要求则配有成套的质量-弹簧减振（mass-spring vibration reduction）系统，或在轨道板上安装多孔隙吸声的混凝土预制铺面，满足降噪要求（图4-15～图4-19）。

图4-15　CRTS Ⅰ型板式无砟轨道

图4-16　CRTS Ⅱ型板式无砟轨道

第四章　轨道结构 43
Track Structure

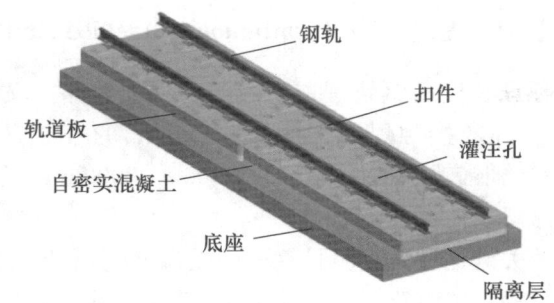

图 4-17　CRTS Ⅲ 型板式无砟轨道

图 4-18　CRTS Ⅰ 型双块式轨道

图 4-19　CRTS Ⅱ 型双块式轨道

第七节 无缝线路 (Continuously Welded Rail)

无缝线路是由标准长度的钢轨焊连而成的长钢轨线路，又称焊接长钢轨线路。即在工厂用气压焊或接触焊的方法，将 25m 长的普通钢轨焊接成 200～500m 的长轨，然后运到铺轨地点，再焊接成 1000～2000m 的长度，铺到线路上就成为一段无缝线路。

铺设无缝线路的关键是设法克服长钢轨因轨温变化而产生的温度应力问题。因此，无缝线路上长钢轨的两端用钢轨联结零件和防爬设备加以固定，其他部分也是采用强度大的中间联结零件和防爬设备使之紧扣于钢筋混凝土轨枕之上，称为线路锁定。锁定线路时（即铺设或维修时）的轨温称为锁定轨温（lock rail temperature），此时，钢轨内的纵向应力为零。选择锁定轨温是一件十分重要的工作，锁定轨温偏高，冬季产生的温度拉力大，易造成钢轨折断；反之，锁定轨温偏低，夏季产生的温度应力大，易使线路胀轨跑道，给行车带来危害。

与普通线路相比，无缝线路在其长钢轨段内消灭了轨缝，从而消除了车轮对钢轨接头的冲击，使得列车运行平稳，旅客舒适，延长了线路设备和机车车辆的使用寿命，减少了线路养护维修工作量，并能适应高速行车和重载的要求（图 4-20）。

图 4-20 无缝线路

专业词汇汉英对照 (Glossary)

专业词汇	拼音	英文
耐磨性	nàimóxìng	wear resistance
疲劳强度	píláo qiángdù	fatigue strength
韧性	rènxìng	toughness
轨头	guǐtóu	rail head
轨腰	guǐyāo	rail web
轨底	guǐdǐ	rail foot
挠曲	náoqū	bend
弹性基础	tánxìng jīchǔ	elastic base
轨距	guǐjù	gauge
方向	fāngxiàng	alignment
弹性垫层	tánxìng diàncéng	elastic cushion
预应力钢筋混凝土枕	yùyīnglì gāngjīn hùnníngtǔzhěn	prestressed reinforced concrete sleeper
抗裂性能	kàngliè xìngnéng	crack resistance
联结部件	liánjié bùjiàn	coupling components
接头	jiētóu	joint
弹簧垫圈	tánhuáng diànquān	spring washer
有缝线路	yǒufèng xiànlù	jointed rail
扣件	kòujiàn	fasteners
防爬设备	fángpá shèbèi	anti-climbing equipment
轨距杆	guǐjùgǎn	gauge rod
轨撑	guǐchēng	rail bracing
有砟轨道	yǒuzhǎ guǐdào	ballast track
道岔	dàochà	turnout
碎石道床	suìshí dàochuáng	crushed stone track bed
轨道框架	guǐdào kuàngjià	track-frame

续表

专业词汇	拼音	英文
容许应力	róngxǔ yīnglì	allowable stress
垫砟层	diànzhǎcéng	the layer under ballast
道床肩宽	dàochuáng jiānkuān	the width of the track bed shoulder
内摩擦角	nèi mócā jiǎo	internal friction angle
黏聚力	niánjùlì	cohesion
无砟轨道	wúzhǎ guǐdào	ballastless track
板式轨道	bǎnshì guǐdào	slab track
双块式轨道	shuāngkuàishì guǐdào	double-block track
长枕埋入式轨道	chángzhěn máirùshì guǐdào	long sleeper buried track
弹性支承轨道	tánxìng zhīchéng guǐdào	elastic support track
质量-弹簧减振	zhìliàng-tánhuáng jiǎnzhèn	mass-spring vibration reduction

思考题（Questions）

（1）钢轨是如何制造出来的？
（2）你对中国高速铁路印象如何？
（3）中国有多少所铁路相关院校？
（4）将下面的英文翻译成中文。

Railway sleeper is a rectangular support for the rails in railroad tracks. Generally laid perpendicular to the rails, sleepers transfer loads to the track ballast and subgrade, hold the rails upright, and keep them spaced to the correct gauge. Railway sleepers were traditionally made of wood, but pre-stressed concrete is now widely used especially in Europe and Asia. Steel ties are common on secondary lines in the UK; plastic composite ties are also employed, although far less than wood or concrete.

Track ballast forms the track bed upon which railway sleepers (UK) or railroad ties (US) are laid. It is packed between, below, and around the ties. It is used to bear the load from the railroad ties, to facilitate drainage of water, and also to keep down vegetation that might interfere with the track structure. This also serves to hold the track in place as the trains roll by. It is typically made of crushed stone, although ballast has sometimes consisted of other, less suitable materials.

拓展阅读（Extensive Reading）

钢轨形状

在弹性基础上的无限长梁，梁抵抗挠曲的最佳断面形状为"工"字形。因此，钢轨采用"工"字形断面，由轨头、轨腰和轨底三部分组成，如图 4-21 和图 4-22 所示，钢轨断面设计应满足以下要求：

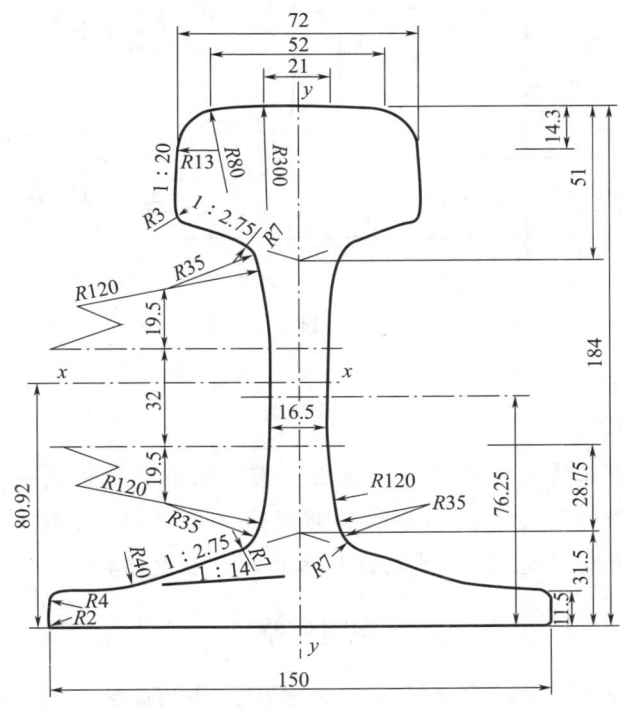

图 4-21　UIC60 钢轨断面图（单位：mm）

1. 钢轨头部设计

钢轨头部是直接和车轮接触的部分，应具有抵抗压溃和耐磨的能力，故轨头宜大而厚，并应具有和车轮踏面相适应的外形。钢轨头部顶面应有足够的宽度，使在其上面滚动的车轮踏面和钢轨顶面磨耗均匀。钢轨头部顶面应轧制成隆起的圆弧形，使由车轮传来的压力能集中于钢轨中轴。

2. 钢轨腰部设计

钢轨腰部必须有足够的厚度和高度，以使钢轨有足够的承载能力和抗弯能力。轨腰的两侧为曲线。轨腰与钢轨头部及底部的连接，必须保证夹板能

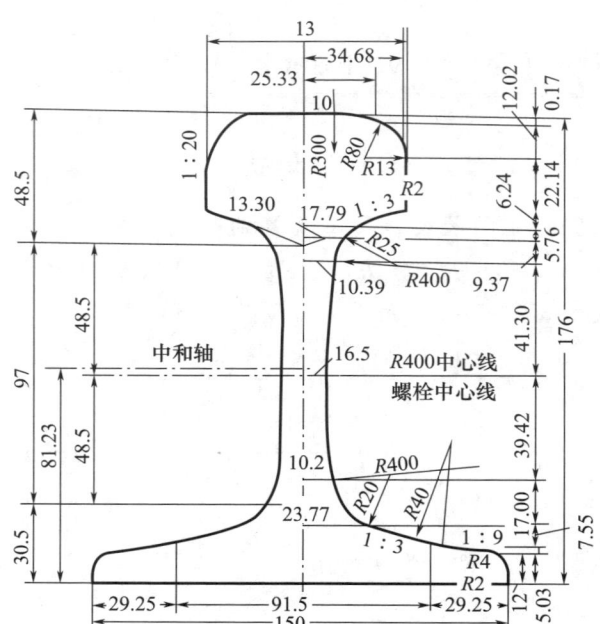

图 4-22 60kg/m 钢轨（尺寸单位：mm）

有足够的支承面。

3. 钢轨底部设计

钢轨底部应保持钢轨的稳定，轨底应有足够的宽度和厚度，并具有必要的刚度和抵抗锈蚀的能力。钢轨的头部顶面宽度（b）、轨腰厚度（t）、钢轨高度（H）及轨底宽度（B）是钢轨断面的四个主要参数。

钢轨伤损

钢轨伤损种类很多，常见的有钢轨磨耗、接触疲劳伤损、轨头剥离及轨头核伤、轨腰螺栓孔裂纹等。下面介绍几种常见的钢轨伤损情况。

1. 钢轨磨耗

钢轨磨耗主要是指钢轨的侧面磨耗和波浪形磨耗。

（1）侧面磨耗。侧面磨耗主要发生在小半径曲线的外股钢轨上，是目前曲线钢轨伤损的主要类型之一。

（2）波浪形磨耗。波浪形磨耗产生的原因比较复杂，与轨道弹性和钢轨的屈服强度有关，与线路坡度、运量、列车制动有关。波浪形磨耗加大轮轨间的振动力，增大轨道破坏性，如图 4-23 所示。

图 4-23 钢轨波浪形磨耗

2. 接触疲劳伤损

根据目前钢轨接触疲劳伤损的形貌特征，接触疲劳伤损分为两种类型，一是剥离掉块伤损；二是严重的长龟裂纹伤损，又称"斜裂纹"伤损。前者是多年就已存在的伤损缺陷，后者是近年来线路运营条件发生较大变化后才出现，但发展迅速。

3. 轨头剥离及轨头核伤

轨头剥离是指发生在钢轨头踏面上一种呈薄片状金属剥离母体或呈掉块状剥离母体的伤损。剥离多发生在铁路曲线外轨上，钢轨接触应力大于钢轨屈服强度时是造成剥离的外因；钢轨轨头踏面存在夹杂物是造成剥离形成的内因。

轨头核伤是最危险的钢轨伤损。在列车荷载重复作用下，钢轨走行面下轨头内部出现极为复杂的应力组合，使细小的横向裂纹扩展形成核伤，直至核伤的四周钢材强度不足，毫无预兆地发生骤然折断。因此，核伤的内因是非金属夹杂物及白点的存在（在钢冷却过程中有害的氢气从钢中逸出而形成），核伤的外因是列车的重复作用。

4. 轨腰螺栓孔裂纹

轨腰螺栓孔裂纹是指钢轨在列车冲击荷载作用下，其螺栓孔边角处，由于存在应力集中或其他缺陷而造成的裂纹。这种裂纹受载荷反复作用而扩展，甚至发生断裂。

第 五 章

道 岔

　　道岔是机车车辆从一股轨道转入或越过另一股轨道时必不可少的线路设备，是铁路轨道的一个重要组成部分。由于道岔具有数量多、构造复杂、使用寿命短、限制列车速度、行车安全性低、养护维修投入大等特点，与曲线、接头并称为轨道的三大薄弱环节。

　　道岔在使用中应满足强度、安全和旅客舒适度的要求，保证列车以规定的速度通过，并且具有较长的使用寿命。道岔一般多设置在车站和编组站，用于列车的到发、会让、越行，以及组成各种梯线、渡线等供列车调车、编组和摘挂使用。道岔的设计、铺设和养护维修比一般轨道复杂，是轨道结构的薄弱环节之一。

第一节　道岔的基本类型
(Basic Types of Turnout)

　　道岔（线路连接和交叉设备）包括道岔、交叉以及道岔与交叉组合三种，并可再分为以下主要的种类，如图 5-1 所示。

　　各种线路连接与交叉的主要几何特征见表 5-1。

第五章 道 岔
Turnout

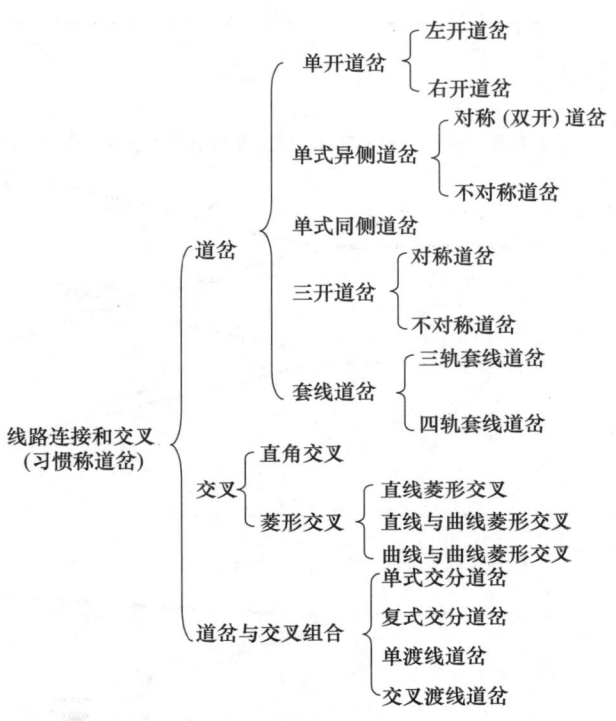

图 5-1 道岔分类图

表 5-1 各种线路连接与交叉的主要几何特征

名词术语	说明
单开道岔 (simple turnout)	主线为直线，侧线向主线的左侧或右侧分支的道岔
左开道岔	站在道岔前端，面向尖轨（tongue rail），侧线向左分支的道岔
右开道岔	站在道岔前端，面向尖轨，侧线向右分支的道岔

续表

名词术语	说明
单式对称道岔 (symmetrical double curve turnout)	把直线轨道分为左右对称的两条轨道的道岔（又称双开道岔）
单式不对称道岔	把直线轨道分为左右不对称的两条轨道的道岔
单式同侧道岔	把直线轨道在同一侧分为两条轨道的道岔

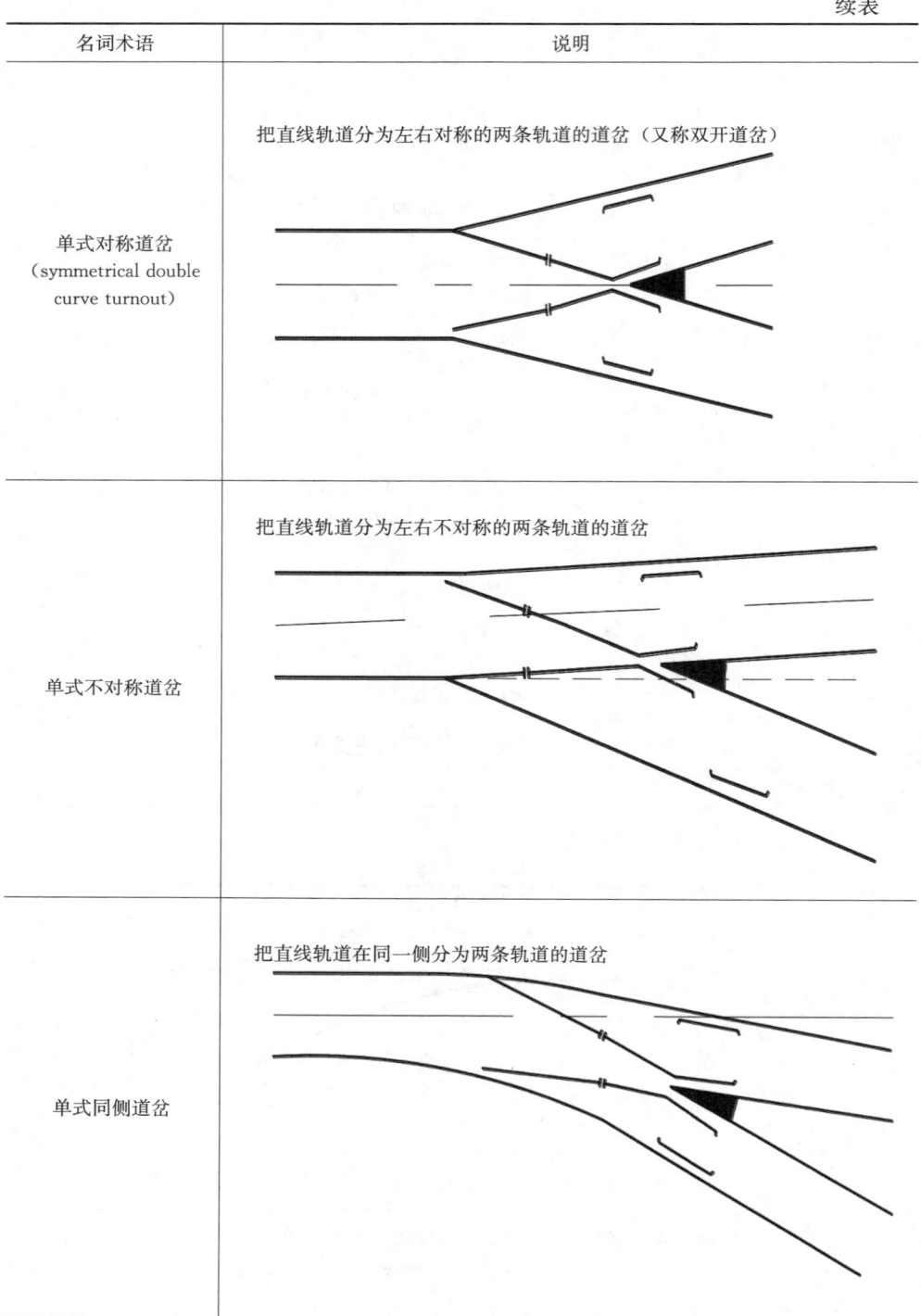

第五章 道岔 53
Turnout

续表

名词术语	说明
对称三开道岔 （symmetrical three-way turnout）	主线为直线，用同一部位的两组转撤器，将一条轨道分为三条，两侧对称分支的道岔 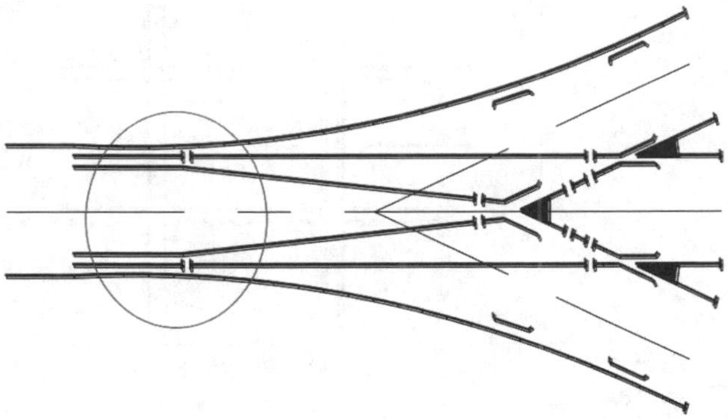
不对称三开道岔	主线为直线，在不同部位的两组转撤器，将一条轨道分为三条，两侧不对称分支的道岔 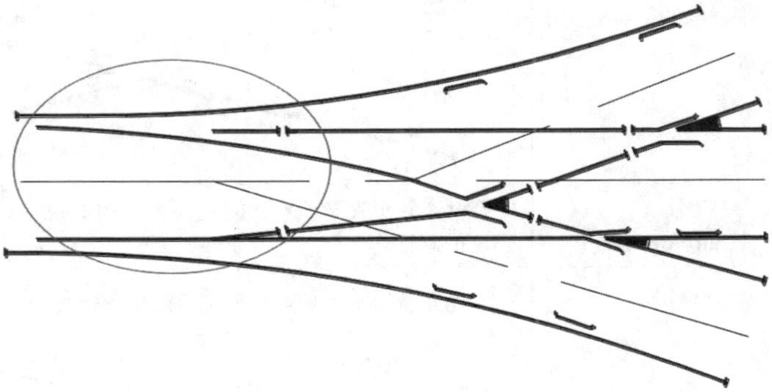
套线	将一条轨道纳入另一条轨道，共同使用轨下基础的设备 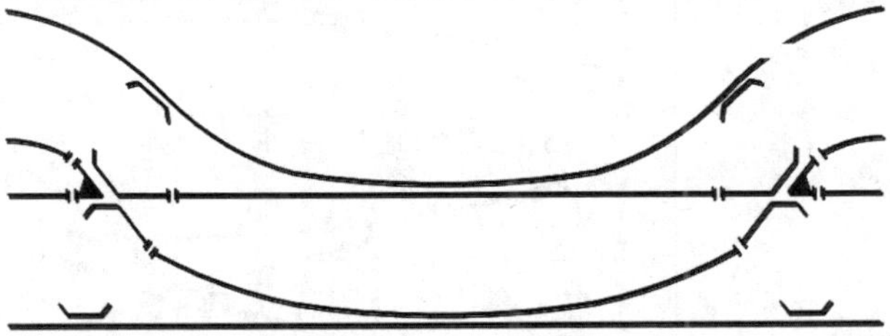
套线道岔	三股钢轨并行铺设，两种不同轨距套线用的道岔
交叉	两条轨道在同一平面上相互交叉的设备

续表

名词术语	说明
直角交叉 (straight cross)	两条直线轨道以直角相交的交叉
菱形交叉 (diamond cross)	两直线轨道相交成菱形的交叉
交分道岔 (slip turnout)	在两条轨道交叉地点，能使列车转线的设备，是单式交分道岔和复式交分道岔的总称
单式交分道岔	在两条轨道交叉地点，列车只能一侧转线的交分道岔
复式交分道岔	在两条轨道交叉地点，列车能两侧转线的交分道岔

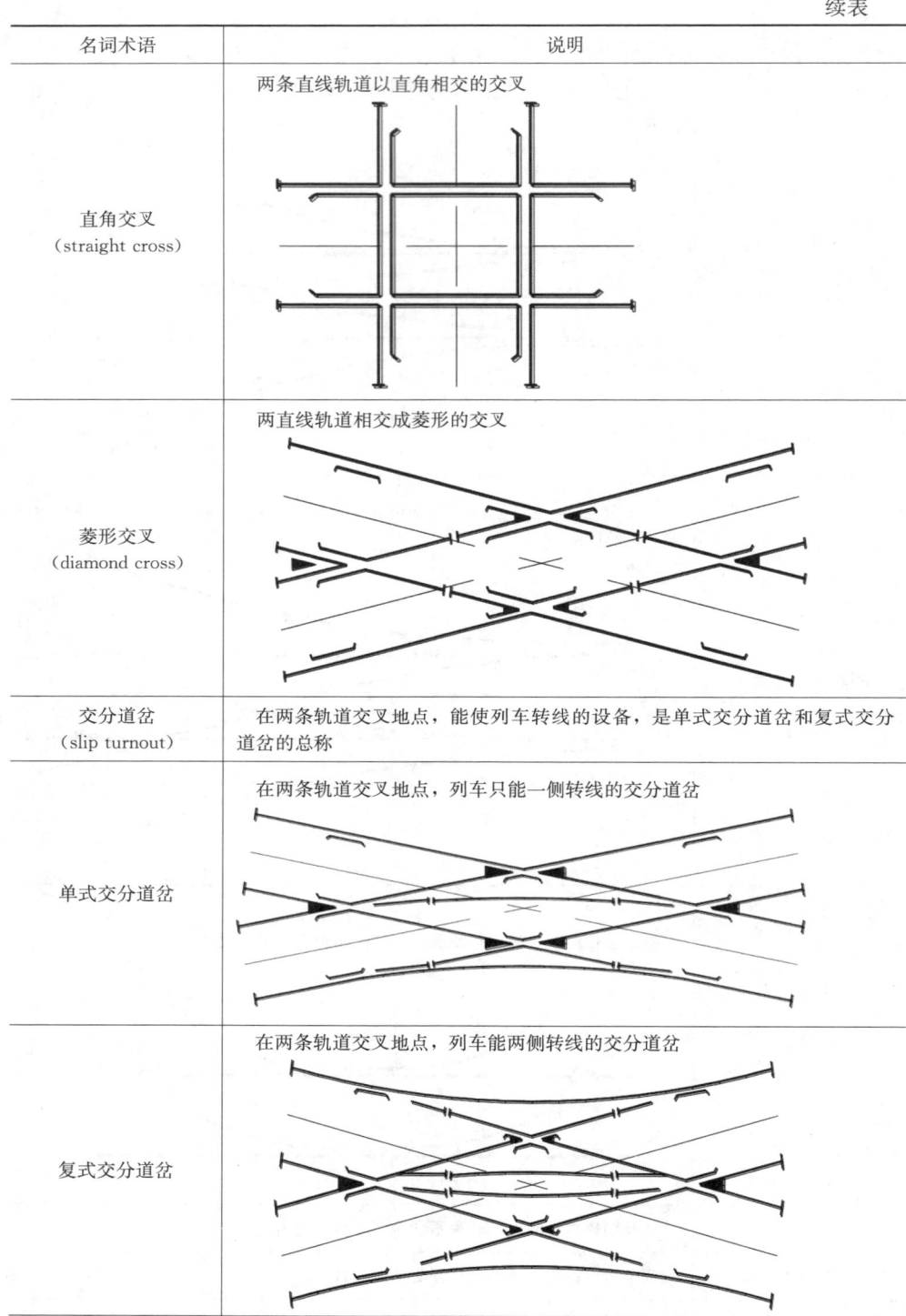

续表

名词术语	说明
单渡线道岔	使列车由一线转入他线的设备，由两组单开道岔及一条连接轨道组成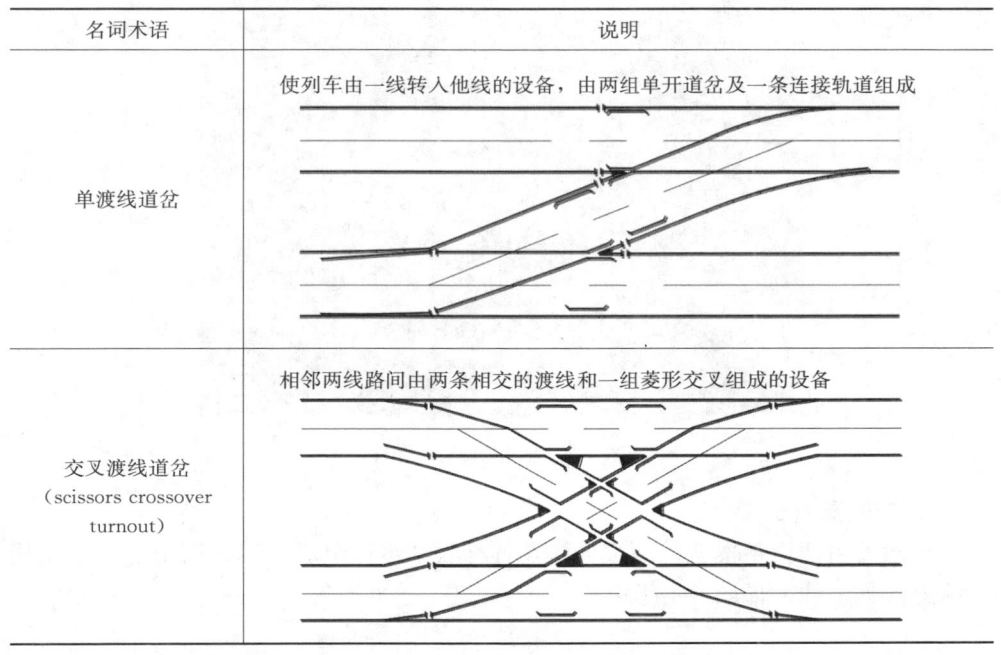
交叉渡线道岔 （scissors crossover turnout）	相邻两线路间由两条相交的渡线和一组菱形交叉组成的设备

第二节 单开道岔构造
(Construction of Single Turnout)

最常用的道岔类型是普通单开道岔，简称单开道岔，如图 5-2 和图 5-3 所示。其主线为直线，侧线由主线向左侧或右侧岔出，其数量占各类道岔总数的 90% 以上。单开道岔构造相对简单，具有一定代表性。单开道岔一般以其钢轨每米质量、辙叉号数、直向允许通过速度、轨距等划分类型。目前中国的钢轨有 75kg/m、60kg/m、50kg/m、43kg/m 等类型，道岔钢轨类型应与线路钢轨相同，钢轨类型不同时应用异型轨过渡。标准道岔号数（用辙叉号数来表示）有 6 号、7 号、9 号、12 号、18 号、30 号、38 号、42 号、62 号等，其中 6 号、7 号仅用于厂矿企业内部铁路或驼峰下，其他各号则适用于铁路正线和站线，并以 9 号和 12 号最为常用，在侧线通过高速列车的地段，则需铺设 18 号、42 号等大号码道岔，目前世界上最大号码的道岔为法国 65 号道岔。

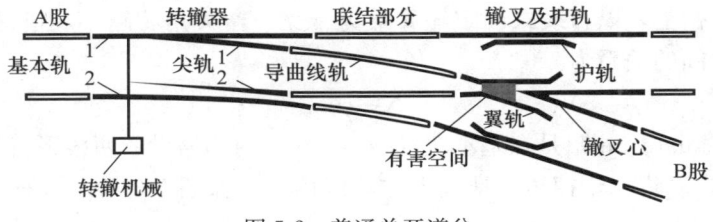

图 5-2 普通单开道岔

图 5-3 单开道岔示意图

1. 转辙器（Switch）

转辙器由两根基本轨、两根尖轨及各种联结零件组成，其作用是引导车轮从一线进入另一线，如图 5-4 所示。

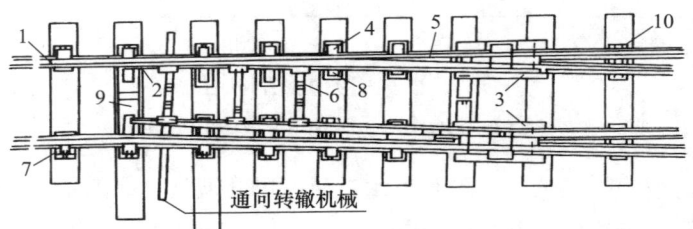

1—基本轨；2—尖轨；3—根部结构；4—轨撑；5—顶铁；6—连接杆；
7—辙前垫板；8—滑床板；9—通长垫板；10—辙后垫板

图 5-4 转辙器示意图

2. 辙叉及护轨（Frog and Guard Rail）

辙叉（frog）是使车轮由一股钢轨越过另一股钢轨的设备。辙叉由叉心（fork heart）、翼轨（wing rail）及联结零件（connection parts）组成，如图 5-5 所示。按平面形式分，有直线辙叉（linear frog）和曲线辙叉（curve of the frog）两类；按构造类型分，有固定辙叉（fixed frog）和活动辙叉（activity frog）两类。单开道岔上，以直线式固定辙叉最为常见。辙叉角 α 越小，道岔号数 N 越大，两者之间的关系为：

$$N = \cot \alpha$$

护轨（guard rail）是在基本轨（basic rail）内侧增设的两根平行的钢轨（通常用旧轨），以防车轮掉道，帮助卡住轮缘内侧，如图 5-6 所示。车轮轮对横向游动被限制在基本轨和护轨的槽内。护轨设于辙叉的两侧,用于引导车轮轮缘,使之进入适当的轮缘槽,防止与叉心碰撞。目前中国道岔的护轨类型主要有钢轨间隔铁型、H型和槽型三种。

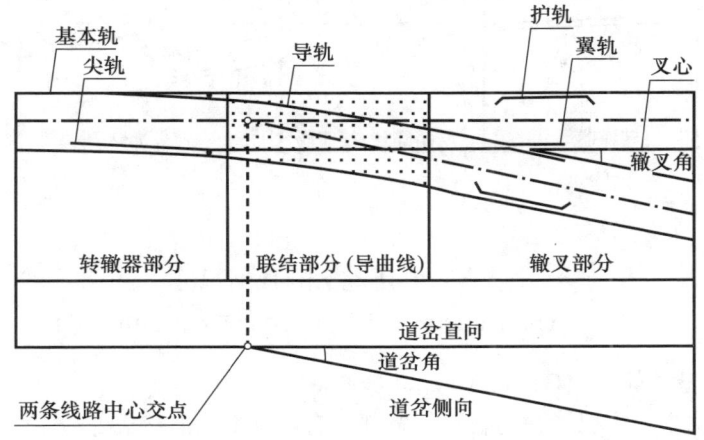

图 5-5　辙叉的组成

图 5-6　辙叉及护轨

3. 联结部分

联结部分是转辙器和辙叉之间的联结线路,包括直股联结线和曲股联结线(也称导曲线),如图 5-7 所示。直股联结线与区间线路构造基本相同。导曲线的平面形式可为圆曲线、缓和曲线或变曲率曲线。

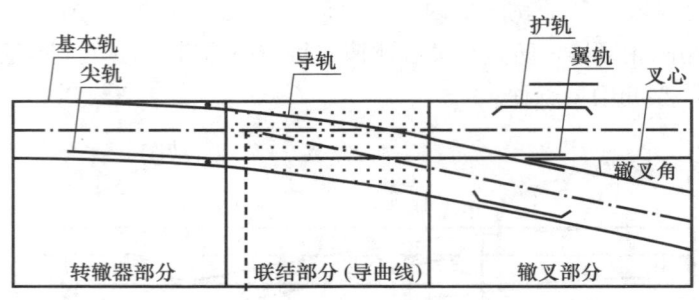

图 5-7 联结部分示意图

第三节 单开道岔的几何尺寸
(Geometric Dimension of Single Turnout)

1. 单开道岔轨距（Single Turnout Gauge）

单开道岔中，需要考虑的轨距加宽部位有：基本轨前接头处轨距、尖轨尖端轨距、尖轨根端直股及侧股轨距、导曲线（lead curve）中部轨距、导曲线终点轨距。

在提速道岔及客运专线道岔中，除尖轨尖端宽 2mm 处因刨切引起的轨距构造加宽外，其余部分轨距均为标准轨距 1435mm，如图 5-8 所示。

图 5-8 道岔尖轨

2. 转辙器几何尺寸（Geometric Dimension of Switch）

道岔转辙器上需要确定的几何尺寸主要有最小轮缘槽（flange clearance）宽和尖轨动程（throw of switch）d_0。

3. 导曲线几何尺寸（Geometric Dimension of Lead Curve）

导曲线部分需要确定的几何尺寸，主要是导曲线支距（offset of lead curve），即导曲线外轨工作边上各点距以直股基本轨作用边为横坐标轴的垂直。它对正确设置导曲线并经常保持其圆顺度起着十分重要的作用。导曲线支距是检查道岔几何不平顺的重要指标之一。

4. 辙叉及护轨几何尺寸（Geometric Dimensions of Frog and Guard Rail）

辙叉及护轨需要确定的几何形位主要是辙叉咽喉轮缘槽、查照间隔（guard rail check gauge）D_1、护轨轮缘槽、翼轨轮缘槽和有害空间。

可动心轨辙叉的主要几何形位有辙叉咽喉轮缘槽、翼轨端部轮缘槽、心轨动程（throw of point frog）。可动心轨辙叉与固定式辙叉不同，其咽喉宽度不能用最小轮背距和最小轮缘厚度进行计算，而应根据转辙机的参数来决定。

第四节 过岔速度（Crossing Turnout Speed）

列车通过道岔的速度包括侧向通过速度和直向通过速度。道岔的过岔速度是控制行车速度的重要因素之一。道岔容许通过速度取决于道岔构件的强度及平面形式两个方面，这些是保证列车安全平稳运行和旅行舒适度必不可少的条件。

1. 侧向过岔速度（Lateral Crossing Turnout Speed）

就一组单开道岔而言，侧向通过速度包括转辙器、导曲线、辙叉及岔后连接线路这四部分的通过速度，每一部分都影响道岔侧向的通过速度。限制侧向过岔速度的主要因素是导曲线一般不设超高（ultra high）和缓和曲线（easement curve），且半径较小，列车未被平衡的离心加速度（centrifugal acceleration）较大。目前道岔设计中用以下三个基本参数来表示：动能损失（kinetic energy loss）、未被平衡的离心加速度、未被平衡的离心加速度增量。

2. 直向过岔速度（Straight Crossing Turnout Speed）

影响道岔直向通过速度的因素有很多，主要包括：道岔平面冲击角（impact angle）的影响；道岔转辙器及辙叉部分轮轨关系的影响；道岔轨道竖向刚度的影响；道岔几何形位的影响。

提高直向过岔速度的根本途径是道岔部件采用新型结构和新材料，道岔的平面及构造要求采用合理的形式及尺寸以消除或减少影响。在高速道岔中，岔区轨道刚度的均匀化也是提高直向过岔速度的有效措施之一。

专业词汇汉英对照（Glossary）

专业词汇	拼音	英文
道岔	dàochà	turnout
直角交叉	zhíjiǎo jiāochā	straight cross

续表

专业词汇	拼音	英文
菱形交叉	língxíng jiāochā	diamond cross
交分道岔	jiāofēn dàochà	slip turnout
交叉渡线	jiāochā dùxiàn	scissors crossover
单式对称道岔	dānshì duìchèn dàochà	symmetrical turnout
三开道岔	sānkāi dàochà	three-way turnout
尖轨	jiānguǐ	tongue rail
转辙器	zhuǎnzhéqì	switch
辙叉	zhéchā	frog
叉心	chāxīn	fork heart
翼轨	yìguǐ	wing rail
联结零件	liánjié língjiàn	connection parts
直线辙叉	zhíxiàn zhéchā	linear frog
曲线辙叉	qūxiàn zhéchā	curve of the frog
固定辙叉	gùdìng zhéchā	fixed frog
活动辙叉	huódòng zhéchā	activity frog
护轨	hùguǐ	guard rail
基本轨	jīběnguǐ	basic rail
导曲线	dǎoqūxiàn	lead curve
轮缘槽	lúnyuáncáo	flange clearance
尖轨动程	jiānguǐ dòngchéng	throw of switch
导曲线支距	dǎoqūxiàn zhījù	offset of lead curve
查照间隔	cházhào jiàngé	guard rail check gauge
心轨动程	xīnguǐ dòngchéng	throw of point frog
过岔速度	guòchà sùdù	crossing turnout speed
超高	chāogāo	ultra high
缓和曲线	huǎnhé qūxiàn	easement curve
离心加速度	líxīn jiāsùdù	centrifugal acceleration
动能损失	dòngnéng sǔnshī	kinetic energy loss
冲击角	chōngjījiǎo	impact angle

思 考 题（Questions）

（1）简述道岔的类型。
（2）简述单开道岔的组成部分。
（3）简述单开道岔的几何尺寸。
（4）简述高速道岔的技术要求。
（5）将下面的英文翻译成中文。

A railway switch or turnout is a mechanical installation enabling railway trains to be guided from one track to another, such as at a railway junction or where a spur or siding branches off. The switch consists of the pair of linked tapering rails, known as points (switch rails or point blades), lying between the diverging outer rails (the stock rails). These points can be moved laterally into one of two positions to direct a train coming from the narrow end toward the straight path or the diverging path. A train moving from the narrow end toward the point blades is said to be executing a facing-point movement.

拓展阅读（Extensive Reading）

无缝道岔

跨区间无缝线路中的道岔应当是没有任何轨缝的道岔，道岔中所有的钢轨接头都应焊接或胶接起来，道岔两端也需要与直股或直侧股的无缝线路长轨条焊接在一起，这样的道岔称之为无缝道岔。无缝道岔是跨区间无缝线路的重要组成部分，它与长轨条一样要承受无缝线路温度力的作用。道岔中的钢轨不但承受巨大的温度力作用，而且里侧轨线两端受力状况不同，这种不平衡的温度力状态使无缝道岔中的钢轨受力与变形发生变化，是无缝道岔设计、铺设、维修养护中需要处理的核心问题。

随着高速铁路、客运专线和快速客货共线的建设与发展，由于环保要求或地形条件的限制，将会有越来越多的无缝道岔设置在大桥、特大桥或高架结构上。桥上无缝道岔结构复杂，每跨梁上线路情况均不同，必须考虑道岔与桥梁的相互位置关系；道岔结构存在伸缩区，即使桥梁不伸缩，钢轨温度的变化也会引起道岔与桥梁的相互作用。由于桥上无缝道岔必须满足列车安全运行平稳、无缝道岔结构本身的正常安全使用、桥梁结构合理受力等多方面的需要，桥上无缝道岔不仅综合了桥上无缝线路、一般无缝道岔以及大跨度桥梁的技术特点，而且衍生出一系列新的技术难点，成为跨区间无缝线路发展中遇到的又一技术难题。

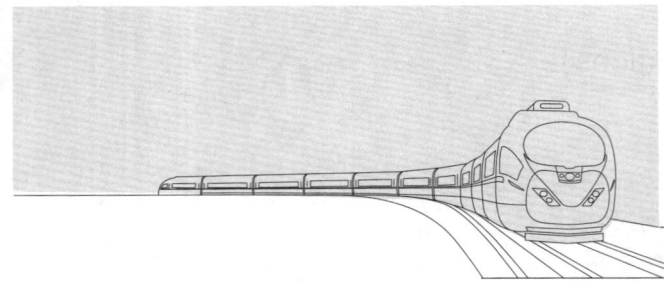

第 六 章

轨道几何形位
Track Geometry

轨道几何形位（track geometry）是指铁路轨道各部分的几何形状、相对位置和基本尺寸。从轨道平面位置来看，轨道一般由直线、曲线和缓和曲线组成，轨道方向必须正确，直线部分应保持笔直，曲线部分应具有相应的圆顺度；从轨道横断面来看，轨道几何形位包括轨距（gauge）、轨道水平（track cross level）、外轨超高（superelevation of outer rail）和轨底坡（rail cant）；从轨道纵断面来看，轨道几何形位包括轨道前后高低（longitudinal level of rail）。轨道是机车车辆运行的基础，直接支承机车车辆（locomotive and vehicle）的车轮，并引导其前进。因而机车车辆走行部分的几何形位与轨道的几何形位之间应紧密配合。轨道几何形位的正确与否，对机车车辆的安全运行、旅客旅行的舒适度以及设备的使用寿命和养护维修费用起着决定性的作用。

轨道不平顺（track irregularity）是引起列车振动、轮轨作用力增大的主要根源，对列车平稳舒适和行车安全都有着重要的影响，是轨道方面直接限制行车速度（limited speed）的主要因素。轮轨相互作用的理论研究和国外高速铁路的实践证明，在高平顺的轨道上，高速列车的振动和轮轨间的动力作用都不大，行车安全和平稳舒适性都能够得到保证，轨道和车辆部件的寿命和维修周期也较长。反之，即使轨道、路基和桥梁结构在强度方面完全满足要求，而轨道平顺性不良时，在高速铁路条件下各种轨道不平顺引起的车辆振动、轮轨噪声和轮轨动力作用将大幅度增加，使平稳、舒适、安全性严重恶化，甚至导致列车脱轨（derail）。

直线与曲线轨道共有的基本几何形位要素包括：轨距、轨道水平、轨道前后高低、轨向和轨底坡。

第一节　直线轨道的几何形位
(Geometry of Straight Track)

1. 轨距（Gauge）

轨距是钢轨顶面下 16mm 处两股钢轨头部作用边之间的最小距离，如图 6-1 所示。选择这一位置，轨距一般不受钢轨磨耗（rail abrasion）和飞边的影响，便于轨道养护维修工作的实施。世界各国的铁路轨距分为标准轨距（standard gauge）、宽轨距（broad gauge）和窄轨距（narrow gauge）三种。标准轨距为 1435mm，大于标准轨距的称为宽轨距，小于标准轨距的称为窄轨距。轨距可用专用的道尺（rail gauge）、轨检小车（track geometry measuring trolley）等静态方式测量，也可使用轨检车（track recording car）进行动态检测（dynamic detection）。对于不同运营条件的轨道，标准轨距的容许偏差（allowable deviation）有所差异。轨距变化应缓和平顺，如果在短距离内轨距有较大变化，即使不超过容许偏差，也会使机车车辆发生剧烈摇摆，因此限制轨距变化率（change rate of gauge）对保证行车平稳是非常重要的。

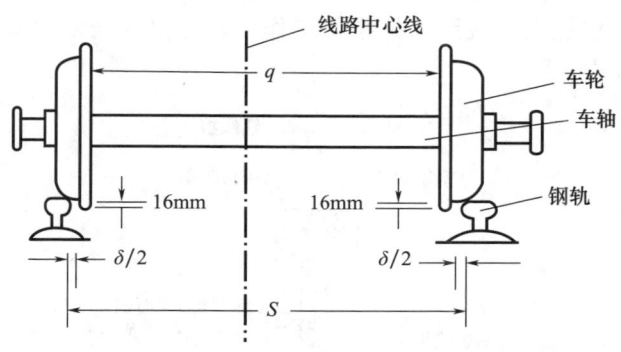

图 6-1　轨距示意图

2. 轨道水平（Track Cross Level）

轨道水平是指轨道左右两股钢轨顶面的相对高差（relative height difference），如图 6-2 所示。由线路水平引起的病害通常分为两类：一种称为轨道水平差（difference of track cross level），另一种称为三角坑（twist warp）。水平差是指在一段规定的距离内，一股钢轨的顶面始终比另一股高，高差值超过容许偏差值。三角坑（或扭曲）是指在一定基长的距离内，先是左股钢轨高于右股，后是右股高于左股，高差值超过容许偏差值，而且两个最大水平误差点之间的距离小于一定值（如不足 18m）。水平也用道尺或轨检小车等工具和设备进行静态测量，使用轨检车进行动态检测。

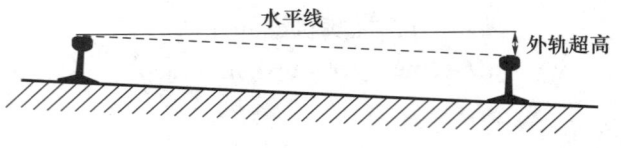

图 6-2 轨道水平示意图

3. 轨底坡（Rail Cant）

轨底坡是轨底与轨道平面之间形成的横向坡度（transverse gradient），如图 6-3 所示。轨底坡是轮轨关系中轨道受力计算和轨道部件设计的一项重要参数。轨底坡与轨距、扣件受力均关系密切。由于车轮踏面与钢轨顶面主要接触部分是 1∶20 的斜坡，理论上轨底坡的大小应与轮轨面的斜度匹配，即 1∶20。钢轨设置轨底坡的目的是使轮轨接触点集中于轨顶中部，提高钢轨的横向稳定能力（transverse stability），避免或减小钢轨偏载（unbalanced loading），减轻轨头不均匀磨耗和轨头塑性变形（plastic deformation），延长钢轨使用寿命。轨底坡设置是否正确，可根据运营中钢轨顶面磨成的光带位置来判定。如光带居中，说明轨底坡合适；若光带偏离轨顶中心向内，说明轨底坡不足；若光带偏离轨顶中心向外，说明轨底坡过大；线路养护维修工作中，可根据光带（light band）位置调整轨底坡的大小。

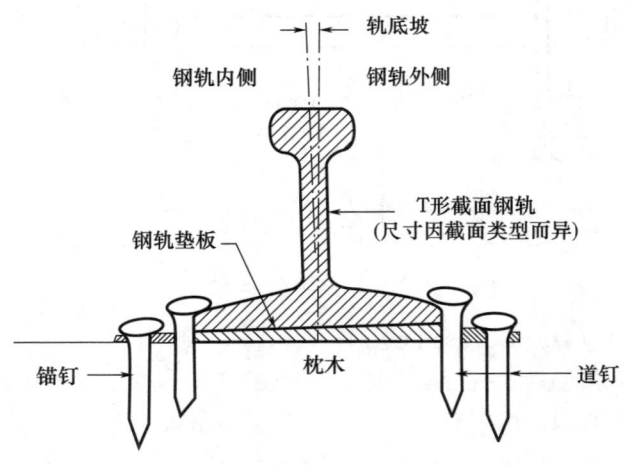

图 6-3 轨底坡示意图

4. 轨道前后高低（Longitudinal Level of Rail）

轨道前后高低是指轨道沿线路方向的竖向平顺性（vertical smoothness），如图 6-4 所示。前后高低是关系列车竖向运行状态的参数。轨道的前后高低应保持设计后的状态，但新铺或经过大修后的轨道，即使轨面是平顺的，经过一段时间列车运行后，由于部件破损和线路沉陷等原因，轨道也会出现高低不平顺现象。

轨道高低不平顺会引起轮轨间的振动和冲击，产生附加动力（additional dynamic load）。这种动力作用加速了道床变形（deformation of track bed），进而扩大了不平顺，加剧了轮轨的动力作用，形成恶性循环。轨道前后高低可用弦线（thread）、轨检小车和轨检车测量。

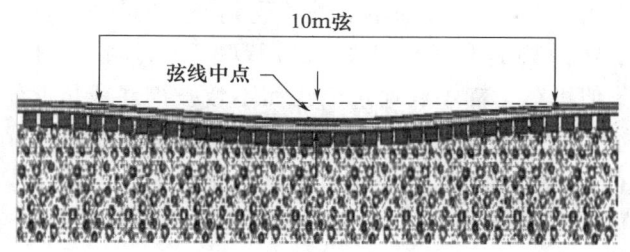

图 6-4　轨道前后高低示意图

5. 轨向（Track Alignment）

轨向是指轨道中心线（track center line）在水平面上的平顺性。轨道中心线的位置应与其设计位置一致。按照行车的平稳与安全要求，直线应当笔直，曲线应当圆顺。但在机车车辆的作用下，直线轨道并非直线，曲线的圆顺性也出现偏差，出现许多 10～20 波长（wave length）的不平顺，因其曲度（curvature）很小，偏离中心不大，故通常不易察觉。若直线不直则必然引起列车过大的横向运动（transverse motion）。在行驶高速或快速列车的线路上，线路方向对提速和高速行车的平稳性具有特别重要的影响。相对轨距来说，轨道方向往往是行车平稳性的控制性因素。只要方向偏差保持在容许范围以内，轨距变化对车辆振动的影响就属于从属地位。无缝线路（continuously welded rail）地段的轨道方向不良，有可能在高温季节引发胀轨跑道（track buckling）事件（图 6-5），严重威胁行车安全。轨向可用弦线、轨检小车和轨检车测量。

图 6-5　胀轨跑道

第二节 曲线轨道的几何形位（Geometry of Curve Track）

1. 曲线轨距加宽（Slacking of Gauge of Curve Track）

机车车辆进入曲线轨道时，仍然存在保持其原有行驶方向时的惯性（inertia），只有当转向架（bogie）最前轴的外轮受到外轨的导向作用（guiding role）后，才迫使整个转向架的车轮沿曲线轨道行驶。在小半径曲线（small-radius curve）地段，为使机车车辆顺利通过曲线而不致被楔住或挤开轨道，减小轮轨间的横向作用力和轮轨磨耗，轨距要适当加宽。轨距加宽的方法：保持外股钢轨（outer rail）的位置与线形不变，内股钢轨（inner rail）向曲线中心内移，以实现其加宽量。在加宽的曲线轨距与直线轨距之间，需要有一定的过渡段（transition zone），使轨距变化均匀，保持良好的轨向。

《铁路线路修理规则》（rules of railway maintenance）规定：直线标准（standard）轨距为 1435mm。曲线轨距按表 6-1 规定的标准在内股加宽。

表 6-1 曲线轨距加宽标准

曲线半径（m）	轨距加宽值（mm）	轨距（mm）
$r \geqslant 350$	0	1435
$350 > r \geqslant 300$	5	1440
$r < 300$	15	1450

目前，由于中国铁路建设的快速发展、线路技术标准的不断提高，主要干线上半径小于 350m 的曲线已较少，在一些技术标准较低的线路或受地形限制的城市轨道（urban transit）线路中，半径小于 350m 的曲线较多，若不采用径向转向架（radial bogie），线路需考虑轨距加宽。

2. 曲线外轨超高（Superelevation of Outer Rail of Curve Track）

在曲线地段，离心力（centrifugal force）将机车车辆推向外股钢轨，加大了外轨的压力，导致旅客不适或货物移位等。因此需要在曲线内外轨之间设置适当的高差，即设置外轨超高，以使机车车辆的自身重力产生一个向心（cenripetal）的水平分力，抵消离心（centrifugal）惯性力，达到内外两股钢轨受力均匀（uniform force）的目的，满足旅客舒适性并提高线路稳定性和安全性要求。外轨超高是指曲线外轨顶面与内轨顶面水平高度之差，如图 6-6 所示。

列车以速度 v 沿半径为 R 的曲线运行时，产生离心力。为了平衡离心力，在曲线地段需设外轨超高 h，如图 6-7 所示。根据行驶动力学理论，可得超高度与曲线半径、列车速度之间的关系如式（6-1）所示：

$$h = 11.8 \frac{v^2}{R} \tag{6-1}$$

式中　h——曲线外轨超高值（mm）；
　　　v——行车速度（km/h）；
　　　R——曲线半径（m）。

图 6-6　曲线外轨超高

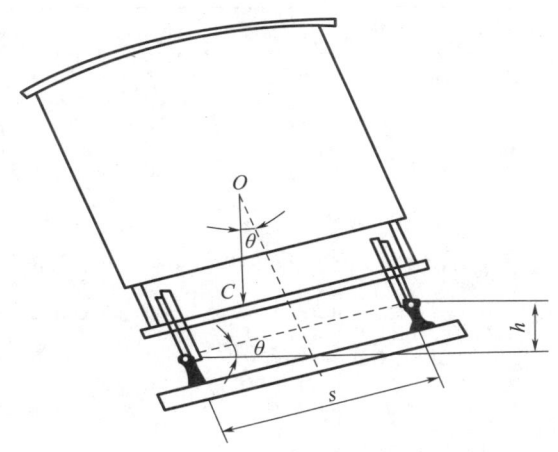

图 6-7　外轨超高计算图示

实际上，通过曲线的各次列车，其速度是不可能相同的。因此，上式中的列车速度应当采用各次列车的平均速度（average speed）。

在设置外轨超高时，主要有外轨提高法（outer rail raising method）和线路中心高度不变法（invariable height of center line of track method），前者目前使用较多。

3. 缓和曲线 (Transition Curve)

行驶于曲线轨道的机车车辆，出现一些与直线运行显著不同的受力特征。如曲线运行的离心力，外轨超高不连续形成的冲击力等。为避免上述诸力突然产生和消失，以保持列车曲线运行的平稳性，需要在直线与圆曲线轨道之间设置一段曲率半径和外轨超高均逐渐变化的曲线，称为缓和曲线。

当缓和曲线连接设有轨距加宽的圆曲线时，缓和曲线的轨距是呈线性变化的。概括起来，缓和曲线具有以下几何特征：

（1）缓和曲线连接直线和半径为 R 的圆曲线，其曲率由零至 $1/R$ 逐渐变化。

（2）缓和曲线的外轨超高，由直线上的零值逐渐增至圆曲线的超高值，与圆曲线超高相连接。

（3）缓和曲线连接半径小于 350m 的圆曲线时，在整个缓和曲线长度内，轨距加宽呈线性递增，由零至圆曲线加宽值。

因此，缓和曲线是一条曲率和超高均逐渐变化的空间曲线。

专业词汇汉英对照（Glossary）

专业词汇	拼音	英文
轨道几何形位	guǐdào jǐhé xíngwèi	track geometry
轨道水平	guǐdào shuǐpíng	track cross level
外轨超高	wàiguǐ chāogāo	superelevation of outer rail
轨底坡	guǐdǐpō	rail cant
轨道前后高低	guǐdào qiánhòu gāodī	longitudinal level of rail
机车车辆	jīchē chēliàng	locomotive and vehicle
轨道不平顺	guǐdào bùpíngshùn	track irregularity
限制行车速度	xiànzhì xíngchē sùdù	limited speed
钢轨磨耗	gāngguǐ móhào	rail abrasion
标准轨距	biāozhǔn guǐjù	standard gauge
宽轨距	kuānguǐjù	broad gauge
窄轨距	zhǎiguǐjù	narrow gauge
道尺	dàochǐ	rail gauge
轨检小车	guǐjiǎn xiǎochē	track geometry measuring trolley
轨检车	guǐjiǎnchē	track recording car
动态检测	dòngtài jiǎncè	dynamic detection

续表

专业词汇	拼音	英文
容许偏差	róngxǔ piānchā	allowable deviation
轨距变化率	guǐjù biànhuàlǜ	change rate of gauge
相对高差	xiāngduì gāochā	relative height difference
轨道水平差	guǐdào shuǐpíngchā	difference of track cross level
三角坑	sānjiǎokēng	twist warp
横向坡度	héngxiàng pōdù	transverse gradient
横向稳定能力	héngxiàng wěndìng nénglì	transverse stability
钢轨偏载	gāngguǐ piānzài	unbalanced loading
塑性变形	sùxìng biànxíng	plastic deformation
光带	guāngdài	light band
竖向平顺性	shùxiàng píngshùnxìng	vertical smoothness
附加动力	fùjiā dònglì	additional dynamic load
道床变形	dàochuáng biànxíng	deformation of track bed
弦线	xiánxiàn	thread
轨道中心线	guǐdào zhōngxīnxiàn	track center line
波长	bōcháng	wave length
曲度	qūdù	curvature
横向运动	héngxiàng yùndòng	transverse motion
无缝线路	wúfèng xiànlù	continuously welded rail
胀轨跑道	zhàngguǐ pǎodào	buckling track
曲线轨距加宽	qūxiàn guǐjù jiākuān	slacking of gauge of curve track
惯性	guànxìng	inertia
转向架	zhuǎnxiàngjià	bogie
导向作用	dǎoxiàng zuòyòng	guiding role
小半径曲线	xiǎobànjìng qūxiàn	small-radius curve
外股钢轨	wàigǔ gāngguǐ	outer rail
内股钢轨	nèigǔ gāngguǐ	inner rail
过渡段	guòdùduàn	transition zone
铁路线路修理规则	tiělù xiànlù xiūlǐ guīzé	rules of railway maintenance

续表

专业词汇	拼音	英文
标准	biāozhǔn	standard
城市轨道	chéngshì guǐdào	urban transit
径向转向架	jìngxiàng zhuǎnxiàngjià	radial bogie
曲线外轨超高	qūxiàn wàiguǐ chāogāo	superelevation of outer rail of curve track
离心力	líxīnlì	centrifugal force
向心	xiàngxīn	cenripetal
受力均匀	shòulì jūnyún	uniform force
平均速度	píngjūn sùdù	average speed
外轨提高法	wàiguǐ tígāofǎ	outer rail raising method
线路中心高度不变法	xiànlù zhōngxīn gāodù bùbiànfǎ	invariable height of center line of track method

思 考 题（Questions）

（1）简述轨距、水平、轨向、高低及轨底坡等概念。
（2）为什么要进行轨距加宽？
（3）为什么要设置外轨超高？
（4）简述缓和曲线的几何特征。
（5）将下面的英文翻译成中文。

Track geometry is three-dimensional geometry of track layouts and associated measurements used in design, construction and maintenance of railroad tracks. The subject is used in the context of standard, speed limits and other regulations in the areas of track gauge, alignment, elevation, curvature and track surface. Although, the geometry of the tracks is three-dimensional by nature, the standards are usually expressed in two separate layouts for horizontal and vertical.

During the early days of rail, there was considerable variation in the gauge used by different systems. Today, 60% of the world's railways use a gauge of 1435mm, known as standard or international gauge. Gauges wider than standard gauge are called broad gauge; gauges narrower than standard gauge are called narrow gauge. Some stretches of track are dual gauge, with three (or sometimes four) parallel rails in place of the usual two, to allow trains of two different gauges to use the same track.

拓展阅读（Extensive Reading）

未被平衡的离心加速度和超高

在任何一段曲线轨道上，一旦外轨超高按加权平均速度计算确定并设置后，便成为固定设施，但由于列车通过的实际行驶速度，或大于加权平均速度，或小于加权平均速度，则外轨超高与行车速度不相适应，因此不可避免地产生未被平衡的离心加速度。

未被平衡的离心加速度是由未被平衡的超高引起的。列车的计算超高大于实设超高时，由于实设超高不足造成的未被平衡的超高称为欠超高。列车的计算超高小于实设超高时，由于实设超高过大造成的未被平衡的超高称为过超高，如图6-8所示。

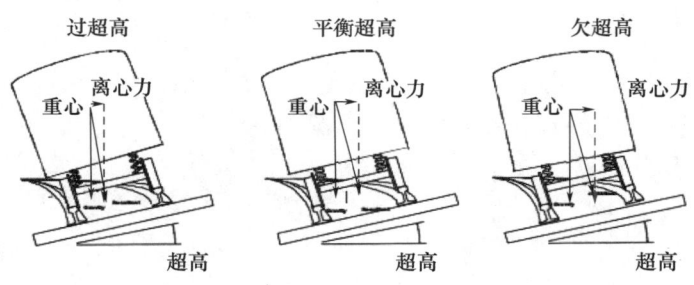

图6-8 过超高、平衡超高以及欠超高

允许未被平衡的加速度或未被平衡的超高值的确定，要考虑钢轨承受内轨或外轨产生偏载的能力、轨道部件的状态、轨道平顺性、机车及走行部分的类型、内外轨不均匀磨耗、曲线内侧风力使车辆向外倾斜的安全性、养护维修的方便性以及旅客的舒适度等因素。因此必须对未被平衡的加速度进行限制，进而对未被平衡的超高进行限制。

机车车辆通过曲线轨道的几何条件

由于轨道游间的存在，机车车辆的车架或转向架通过曲线轨道时可以占有各种不同的几何位置，也就是说，可以不同的几何内接方式通过。

（1）斜接通过。机车车辆车架或转向架外侧最前位车轮轮缘与外轨轨距线接触，内侧最后位车轮轮缘与内轨轨距线接触，如图6-9（a）所示。有时也称为强制内接。

（2）自由内接通过。机车车辆车架或转向架外侧最前位车轮轮缘与外轨轨距线接触，其他各轮轮缘无接触地在轨道上自由行驶，如图6-9（b）所示。

（3）楔形内接通过。机车车辆车架或转向架外侧最前位和最后位车轮轮缘同时与外侧轨距线接触，内侧中间车轮（轴数为奇数时）或最靠近中间的两车轮（轴数为偶数时）轮缘与内侧轨距线接触，如图6-9（c）所示。

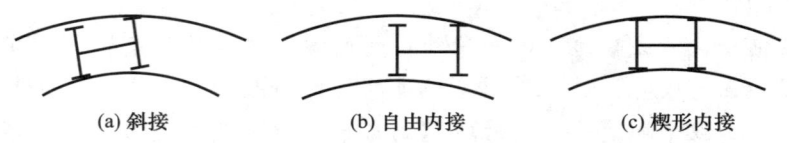

(a) 斜接　　　　　(b) 自由内接　　　　(c) 楔形内接

图6-9　机车车辆通过曲线的内接形式

（4）正常强制内接通过。为避免机车车辆以楔形内接形式通过曲线，曲线轨道轨距至少要比楔形内接所需轨距增加$\delta_{\min}/2$，此时转向架在曲线上所处位置称为正常强制内接。

轨道结构力学分析

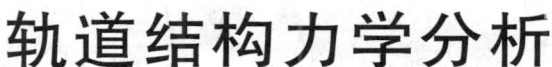

轨道结构的设计、养护和维修都需要了解轨道结构各部件的应力（stress）和变形（deformation）。所谓轨道结构力学分析（mechanics analysis of track structure），就是应用力学的基本原理，结合轮轨相互作用（wheel-rail interaction）理论，分析轨道及其各组成部分在机车车辆以各种不同运营条件时的力学特性，以便设计和优化轨道结构及各部分，寻求具有良好动力特性（dynamic characteristics）的轨道结构，指导轨道结构养护维修。

虽然轨道结构是在动荷载（dynamic load）作用下工作，应力和应变都是动态的，但在静力分析（static analysis）基础上再考虑动力因素影响，也是行之有效的方法。现有的轨道结构设计实质上还是静力强度设计，适当考虑动力影响，称为准静态分析（quasi-static analysis）。

第一节 轨道结构竖向静力分析模型
(Vertical Static Analysis Model of Track Structure)

轨道结构竖向静力分析模型的基本假设有：

(1) 轨道和机车车辆均处于正常良好状态，符合有关技术标准。

(2) 钢轨视为支承在弹性基础（elastic foundation）上的等截面（constant section）无限长梁（infinite long beam），轨枕视为支承在连续弹性基础上的短梁（short beam）。基础或支座的沉降值（settlement value）与它所受的压力成正比。

(3) 轮载作用在钢轨的对称面上，且两股钢轨上的荷载相等；基础刚度（foundation stiffness）均匀且对称于轨道中心线。

(4) 不考虑轨道本身的质量。

轨道结构竖向静力分析模型有两种：点支承梁模型 (point-supported beam model) 和连续支承梁模型 (continuously supported beam model) （图 7-1）。

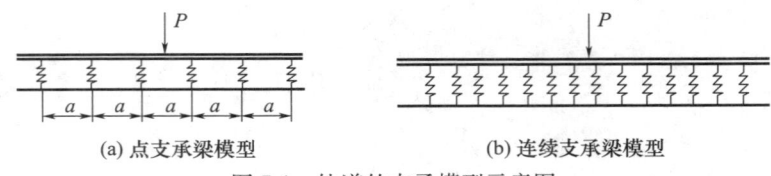

(a) 点支承梁模型　　　　　　(b) 连续支承梁模型

图 7-1　轨道的支承模型示意图

点支承梁模型是将对钢轨的支承按一定间隔离散至各个轨枕上，每个轨枕处简化为对钢轨的弹性点支承。由于该模型中对钢轨的支承是不连续的，因此可采用差分法或有限元法进行求解。

连续支承梁模型是将轨枕对钢轨的支承视为连续支承，其支承刚度为钢轨基础弹性模量 (elasticity modulus of rail foundation)。因为钢轨的抗弯刚度 (bending stiffness) 很大，而轨枕铺得相对较密，在不特别强调点支承特性时，为求解方便，可以简化为连续支承梁模型进行分析计算。连续支承梁模型得到的解析解，应用简单方便又直观。

第二节　模型计算参数 (Model Calculation Parameters)

1. 钢轨抗弯刚度 EI (Rail Bending Stiffness)

钢轨抗弯刚度由钢轨的弹性模量 E 与钢轨截面对水平中性轴的惯性矩 I 相乘所得，其中 $E=2.1\times10^{11} N/m^2$。抗弯刚度 EI 的力学意义是使钢轨产生单位曲率所需施加的力矩，量纲为力·长度^2。

2. 道床系数 C (Ballast Modulus)

道床系数 C 是用来表征道床及路基的弹性特征，定义为使道床顶面产生单位下沉时所需施加于道床顶面单位面积上的压力，量纲为力/长度^3。

3. 钢轨支座刚度 D (Support Stiffness of Rail)

钢轨支座刚度 D 用来表征钢轨扣件和枕下基础的等效刚度 (equivalent stiffness)，被定义为使轨底面产生单位下沉而作用于支座上的压力，量纲为力/长度，计算模型如图 7-2 所示。

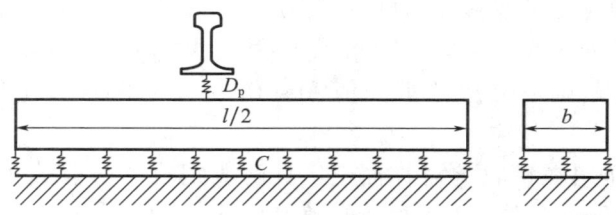

图 7-2　钢轨支座刚度计算模型

4. 钢轨基础弹性模量 μ (Elastic Modulus of Rail Foundation)

钢轨基础弹性模量用来表征钢轨基础的弹性特征，被定义为单位长度的钢轨基础产生单位下沉所需的施加在钢轨基础上的分布力（distributed force），量纲为力/长度^2。可由钢轨支座刚度除以轨枕间距获得，如公式（7-1）所示：

$$\mu = D/a \tag{7-1}$$

式中　a——轨枕间距（mm）。

5. 刚比系数 k (Ratio of Elasticity Modulus and Flexural Stiffness)

刚比系数是指钢轨基础弹性模量与钢轨抗弯刚度的比值。由公式（7-2）进行计算：

$$k = \sqrt[4]{\frac{\mu}{EI}} = \sqrt[4]{\frac{D}{4EI}} \tag{7-2}$$

轨道的所有力学参数及相互间的关系均反映在刚比系数中。任何轨道参数的改变都会影响刚比系数，而刚比系数的改变又将影响整个轨道的内力分布和部件的受力分配，因此刚比系数又可称为轨道系统特性参数（characteristic parameter of track system）。

当刚比系数值较大，基础的相对刚度较硬时，则轨上压力较大、钢轨弯矩（bending moment）较小，且向两侧衰减较快，荷载影响的范围较小；相反，如果钢轨的抗弯刚度 EI 较大，而基础相对较软，则荷载的影响将与上述情况相反。

上述轨下基础参数计算方法仅适用于有砟轨道。

第三节　钢轨位移、弯矩的分析计算
(Analysis and Calculation of Rail Displacement, Bending Moment)

机车车辆通过时，车轮依次通过，轨道受到轮群（wheels）的作用。为了求解轮群作用下钢轨的位移和弯矩，可先求出单个静轮载（static wheel load）作用下的解，再通过叠加原理（superposition principle/superposition property）求轮群作用下的静力解（static solution），然后用速度系数（velocity coefficient）和偏载系数（overloaded or unbalanced coefficient）修正静力分析结果得到动力解（dynamic solution），计算模型如图 7-3 和图 7-4 所示。

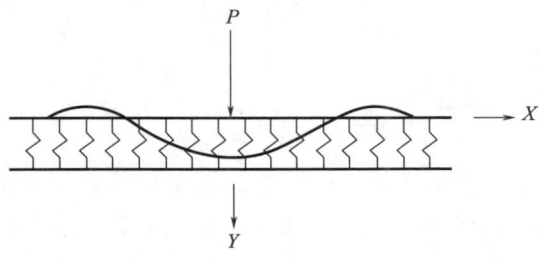

图 7-3　钢轨在单个车轮荷载作用下的受力与变形（连续弹性基础梁模型）

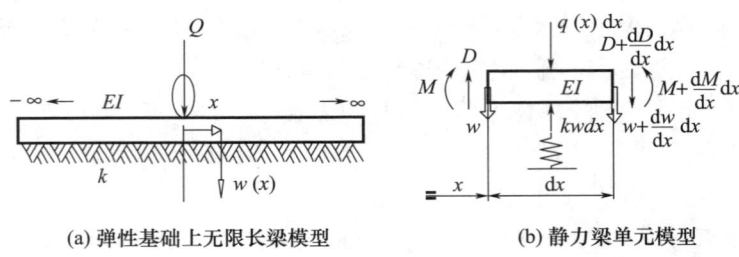

(a) 弹性基础上无限长梁模型　　(b) 静力梁单元模型

图 7-4　单个静轮载作用下的方程及解推导图

单个静轮载作用下的钢轨的位移 y 和弯矩 M 如式（7-3）和式（7-4）所示：

$$y = \frac{Pk}{2u} e^{-kx} (\cos kx + \sin kx) \tag{7-3}$$

$$M = \frac{P}{4k} e^{-kx} (\cos kx - \sin kx) \tag{7-4}$$

单个静轮载作用下的微分方程是线性的，当有多个轮载同时作用在钢轨上时，可应用叠加原理，如图 7-5 所示。如果计算某一截面处的钢轨位移 y_0 和弯矩 M_0，可将坐标原点置于该截面处，称该截面为计算截面（section for calculation）。然后将各轮距计算截面的距离 x 和静轮载 P 带入，分别计算各轮载对该截面的位移和弯矩值，再将这些值叠加起来，即为轮群共同作用下该截面的位移和弯矩值。具体计算如式（7-5）和式（7-6）所示。

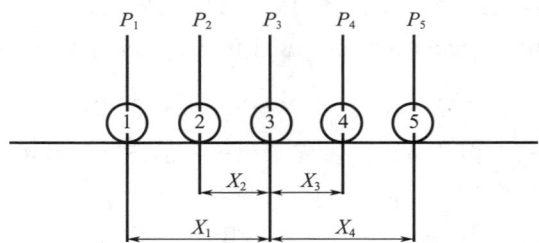

图 7-5　多个轮载作用下 3 截面钢轨受力计算示意图

$$y_0 = \frac{k}{2u} \sum_{i=1}^{n} P_i e^{-kx_i} (\cos kx_i + \sin kx_i) \tag{7-5}$$

$$M_0 = \frac{1}{4k} \sum_{i=1}^{n} P_i e^{-kx_i} (\cos kx_i - \sin kx_i) \tag{7-6}$$

准静态计算就是用静力计算理论对受动荷载的结构进行力学分析。轨道结构设计主要是基于准静态计算理论（quasi-static calculation theory），它忽略了结构本身的惯性力（inertia force），用速度系数反映钢轨的动载增量，用偏载系数修正两股钢轨轮载差异引起的动载增量,用横向水平力系数(coefficient of lateral horizontal force)考虑钢轨横向力引起的钢轨弯曲应力。轨道结构的外荷载远大于结构本身的惯性力,因此准静态分析既能简化计算,又能满足设计要求。

第四节 轨道结构的强度检算
(Strength Check of Track Structure)

运用轨道结构的静态计算及准静态计算方法,可以对轨道各个部件的强度进行检算。轨道结构的强度检算主要包括三个部分:钢轨强度检算、轨枕强度检算、道床及路基顶面强度检算。

1. 钢轨强度检算 (Strength Check of Rail)

钢轨所受的应力包括基本应力(basic stress)、附加应力(additional stress)、局部应力(local stress)以及残余应力(residual stress)等。其中基本应力包括列车荷载作用下的钢轨内部的动弯应力(dynamic bending stress)和钢轨承受的温度力(temperature stress);附加应力是指桥上铺设无缝线路后,因桥梁和钢轨相互作用产生的附加力(additional force)。钢轨强度在采用准静态计算方法计算动荷载作用下钢轨的挠曲变形、钢轨弯矩以及枕上压力时不考虑残余应力和局部应力的影响。

2. 轨枕强度检算 (Checking Calculation of Sleeper Strength)

计算轨枕弯矩时通常将其视为支承于弹性基础上的有限长梁,轨枕强度检算通常包括轨枕压应力检算及轨枕抗弯强度检算两部分。对于混凝土枕,由于其抗压强度大,一般不检算其承压应力,而检算其最不利支承情况下的截面正弯矩(positive bending moment of section)以及轨枕跨中截面负弯矩(negative bending moment of section),如图 7-6 和图 7-7 所示。

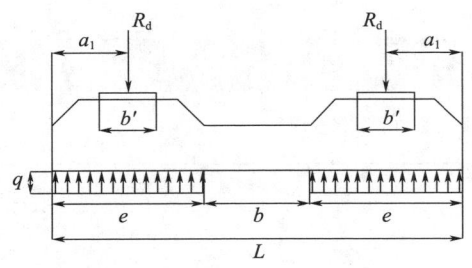

图 7-6　检算轨下截面正弯矩时的最不利支承情况

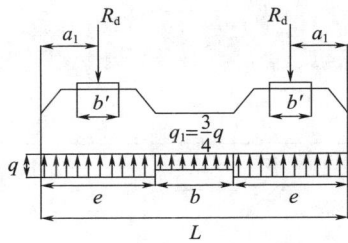

图 7-7　检算轨下截面负弯矩时的最不利支承情况

3. 道床及路基顶面强度检算（Strength Calculation of Ballast Bed and Subgrade Top Surface）

道床顶面的应力分布，无论是沿轨枕的纵向还是横向，都是不均匀的，在进行道床顶面应力检算时，要用应力分布不均匀系数（asymmetrical coefficient）乘以道床顶面的平均压力（average pressure）。

在计算道床及路基顶面应力时，可假设道床上的应力以扩散角（radial angle）按直线扩散规律从道床顶面传递到路基顶面；不考虑相邻轨枕的影响；道床顶面的压力分布是均匀的（图 7-8 和图 7-9）。

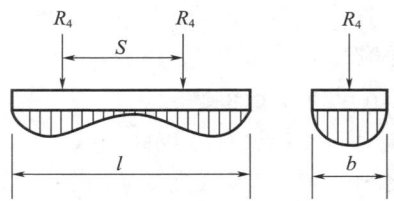

图 7-8　道床顶面压力分布

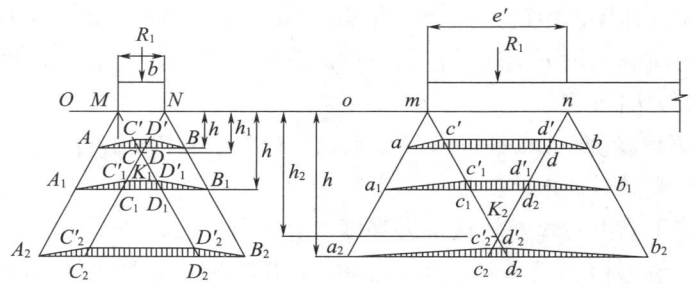

图 7-9　道床内部压力传递示意图

Word 专业词汇汉英对照（Glossary）

专业词汇	拼音	英文
变形	biànxíng	deformation
轨道结构力学分析	guǐdào jiégòu lìxué fēnxī	mechanics analysis of track structure
轮轨相互作用	lúnguǐ xiānghù zuòyòng	wheel-rail interaction
动力特性	dònglì tèxìng	dynamic characteristics

续表

专业词汇	拼音	英文
动荷载	dònghèzài	dynamic load
静力分析	jìnglì fēnxī	static analysis
准静态分析	zhǔnjìngtài fēnxī	quasi-static analysis
弹性基础	tánxìng jīchǔ	elastic foundation
等截面	děngjiémiàn	constant section
无限长梁	wúxiàn chángliáng	infinite long beam
短梁	duǎnliáng	short beam
沉降值	chénjiàngzhí	settlement value
基础刚度	jīchǔ gāngdù	foundation stiffness
点支承梁模型	diǎn zhīchéngliáng móxíng	point-supported beam model
连续支承梁模型	liánxù zhīchéngliáng móxíng	continuously supported beam model
钢轨基础弹性模量	gāngguǐ jīchǔ tánxìng móliàng	elasticity modulus of rail foundation
抗弯刚度	kàngwān gāngdù	bending stiffness
道床系数	dàochuáng xìshù	ballast modulus
钢轨支座刚度	gāngguǐ zhīzuò gāngdù	support stiffness of rail
等效刚度	děngxiào gāngdù	equivalent stiffness
分布力	fēnbùlì	distributed force
刚比系数	gāngbǐ xìshù	ratio of elasticity modulus and flexural stiffness
轨道系统特性参数	guǐdào xìtǒng tèxìng cānshù	characteristic parameter of track system
弯矩	wānjǔ	bending moment
轮群	lúnqún	wheels
静轮载	jìnglúnzài	static wheel load
叠加原理	diéjiā yuánlǐ	superposition principle/superposition property
静力解	jìnglìjiě	static solution
速度系数	sùdù xìshù	velocity coefficient
偏载系数	piānzài xìshù	overloaded or unbalanced coefficient

续表

专业词汇	拼音	英文
动力解	dònglìjiě	dynamic solution
计算截面	jìsuàn jiémiàn	section for calculation
准静态计算理论	zhǔnjìngtài jìsuàn lǐlùn	quasi-static calculation theory
惯性力	guànxìnglì	inertia force
横向水平力系数	héngxiàng shuǐpínglì xìshù	coefficient of lateral horizontal force
强度检算	qiángdù jiǎnsuàn	strength check
基本应力	jīběn yīnglì	basic stress
附加应力	fùjiā yīnglì	additional stress
局部应力	júbù yīnglì	local stress
残余应力	cányú yīnglì	residual stress
动弯应力	dòngwān yīnglì	dynamic bending stress
温度力	wēndùlì	temperature stress
附加力	fùjiālì	additional force
截面正弯矩	jiémiàn zhèngwānjǔ	positive bending moment of section
截面负弯矩	jiémiàn fùwānjǔ	negative bending moment of section
不均匀系数	bùjūnyún xìshù	asymmetrical coefficient
平均压力	píngjūn yālì	average pressure
扩散角	kuòsànjiǎo	radial angle

思 考 题 (Questions)

（1）轨道结构静力分析假设条件有哪些？

（2）简述点支承梁模型与连续支承梁模型的区别。

（3）简述抗弯刚度、道床系数、支座刚度、钢轨基础弹性模量和刚比系数等概念。

（4）将下面的英文翻译成中文。

Track design is to ensure that the track structure is suitable for the loads it has carry and the resultant stresses and deformations. Conventional track calculation is limited to quasi-static loading of the track structure, schematized as an elastically supported beam. To the static load is added a dynamic increment.

Conventional track consists basically of two parallel continuous beams, the rails, which are fixed at regular intervals onto sleepers supported from below and from the side by a medium which cannot be deformed, the ballast bed. In turn, the ballast bed rest on a formation which also cannot be deformed. In elementary calculations it is usually presupposed that Winkler hypothesis applies to track support.

拓展阅读（Extensive Reading）

无砟轨道力学分析

无砟轨道的受力分析及结构设计方法与有砟轨道不同，应当依据无砟轨道的受力特点，将无砟轨道进行合理简化计算。一般来说，无砟轨道力学计算包括多项内容，如列车荷载作用下的轨道结构计算、温度力作用下的轨道结构计算，以及由于基础变形引起的轨道结构应力计算。

列车荷载作用下无砟轨道多采用叠合梁理论进行结构计算（图 7-10），但是随着计算机技术的发展及有限元平台的广泛使用，目前无砟轨道模型越来越接近其实际结构及受力特点，如目前常用的梁板模型（图 7-11）或梁体模型（图 7-12）。

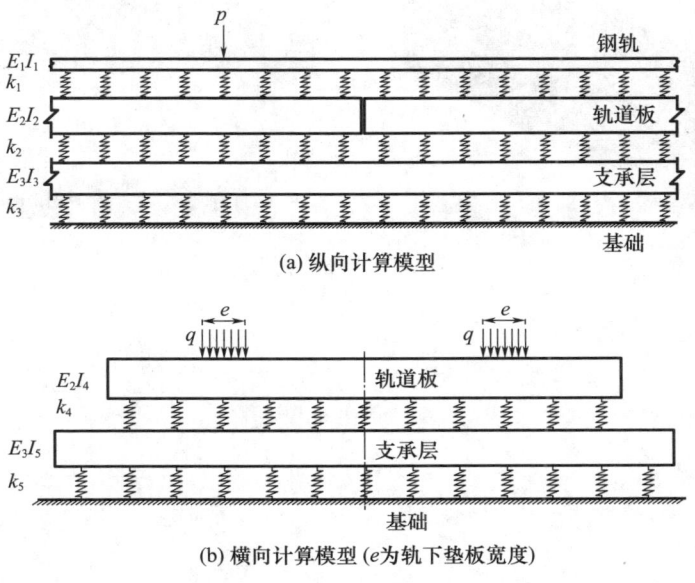

图 7-10 叠合梁模型

三种计算理论都在实践中得到了应用，各有特点。总体上，叠合梁理论在计算横向弯矩时，忽略了相邻枕跨的约束作用，从而使得结果偏大，需要对其结果进行修正才能更接近实际。梁体有限元理论的自由度较多、计算时间长、后处理复杂，一般在研究中需要做详细的应力分析。梁板模型中轨道板、底座板采用弹性地基板模拟，较为符合无砟轨道的结构特点和受力特点，可有效反映轨道板、底座板的空间弯曲变形，在钢轨直接施加轮载后即可同时得到轨道板和底座板的纵横向弯矩，适应性比叠合梁理论更强。

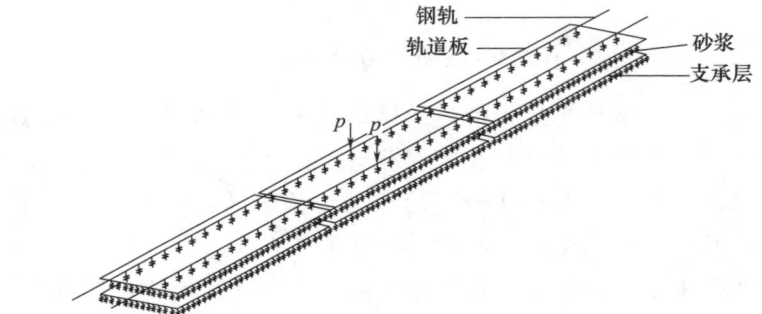

图 7-11　梁板模型

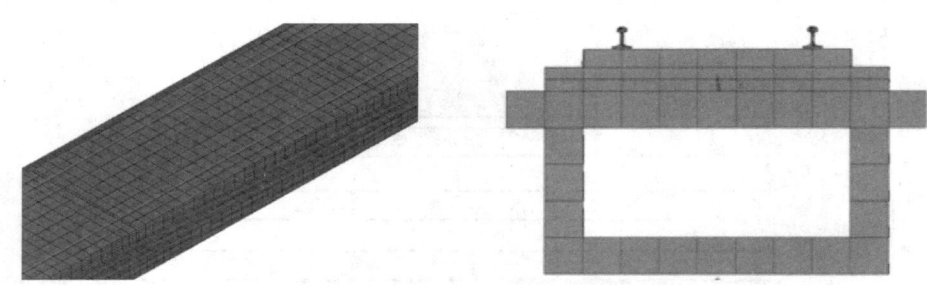

图 7-12　梁体模型

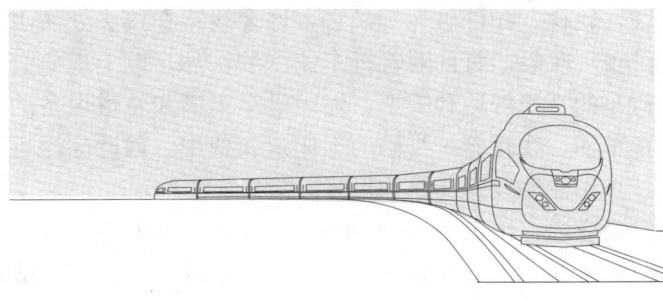

第 八 章

无缝线路
Continuously Welded Rail

无缝线路（continuously welded rail，CWR for short）是用标准长度的钢轨焊接（weld）而成的长钢轨线路，又称焊接长钢轨线路，如图8-1所示。它是当今轨道结构的一项重要新技术，是与重载（heavy haul railway）、高速铁路相适应的新型轨道结构。

图 8-1　无缝线路

在普通线路上，钢轨接头是轨道的薄弱（weakness）环节之一，由于钢轨接头的存在，使列车经过时产生很大的冲击，加剧轨道的不平顺（irregularity），产生轨头塑性变形，钢轨裂纹，轨枕、扣件破坏等病害，许多线路在接头处还出现道床翻浆冒泥（mud pumping）现象，而且随着行车速度的增加，以上现象会更加严重。钢轨接头既影响行车的平稳舒适和安全、缩短机车车辆和轨道设备的使用寿命，又大大增加了机车车辆、线路养护维修的工作量和费用。因此应尽可能地减少甚至取消钢轨接头，采用无缝线路的结构形式。

无缝线路按钢轨内部的温度应力（temperature stress）处理方式的不同分为温度应力式无缝线路（CWR of temperature stress type）和放散温度应力式无缝线路（CWR of temperature destressing type）两种类型。现今，世界各国主要采用温度应力式无缝线路。无缝线路按钢轨的长度角度分为普通无缝线路（common continuously welded rail）、全区间无缝线路（all section CWR）和跨区间无缝线路（trans-section CWR）。

第一节 无缝线路的基本原理（Rationale of CWR）

一根长度为 L、受完全约束（complete constrained condition）而不能自由伸缩的钢轨，当温度变化 Δt 时，其承受的温度力 P_t 可用公式（8-1）计算。

$$P_t = \sigma_t \cdot F = E\alpha F \Delta t = 2.5 F \Delta t \text{ (N)} \tag{8-1}$$

式中　σ_t——温度应力（N/mm²）；

　　　F——一根钢轨的断面面积（section area）（mm²）；

　　　Δt——轨温变化幅度（℃）；

　　　$E\alpha$——温度应力对轨温的变化率（rate of change）。它与钢轨的长度和断面面积无关，一般指轨温变化 1℃ 时一股钢轨承受的温度力。

由式（8-1）看出，无缝线路长钢轨内的温度应力（或温度力）与钢轨长度无关，与轨温变化幅度有关，降低钢轨内部温度应力的关键，在于控制轨温变化幅度。因此从理论上讲，无缝线路的钢轨长度可以无限长（infinite length），这正是发展全区间无缝线路和跨区间无缝线路的理论依据。

为降低长轨条内的温度力，需选择一个适宜的锁定轨温（fastening-down temperature of rail），又称零应力状态的轨温或实际锁定轨温。在铺设无缝线路时，将长轨条始终端落槽就位（receiving in place）时的平均轨温称为施工锁定轨温（fastening-down temperature of rail in construction）。施工锁定轨温不一定等于设计锁定轨温（fastening-down temperature of rail in design），但应在设计锁定轨温允许变化范围之内。锁定轨温计算如图 8-2 所示，锁定轨温是决定钢轨温度力水平的基准，因此根据强度、稳定条件确定锁定轨温是无缝线路设计的最主要内容。

轨温（temperature of rail）与气温（air temperature）有所不同，影响轨温的因素比较复杂，根据多年的实际观测，最高轨温通常取当地最高气温加 20℃，最低轨温等于最低气温。

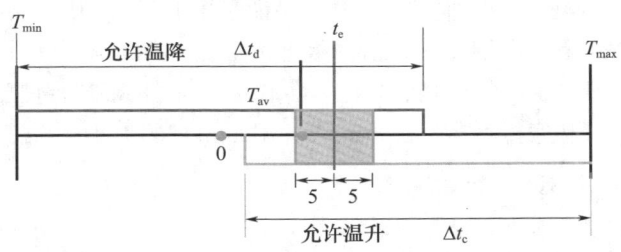

$$锁定轨温：t_e = \frac{T_{max}+T_{min}}{2} + \frac{[\Delta t_d]-[\Delta t_c]}{2} + \Delta t_k$$

图 8-2 锁定轨温计算图

第二节 无缝线路纵向阻力
(Longitudinal Resistance of CWR)

轨温变化时，影响钢轨两端自由伸缩的原因是来自线路纵向阻力（longitudinal resistance）的抵抗，它包括接头阻力（joint resistance）、扣件阻力（fastener resistance）和道床纵向阻力（longitudinal resistance of ballast bed）。

钢轨接头处由钢轨夹板（joint bar）通过螺栓（bolt）拧紧，因此而产生的阻止钢轨纵向位移的阻力称为接头阻力。接头阻力由钢轨夹板间的摩阻力（friction resistance）和螺栓的抗剪力（shearing resistance）提供（图 8-3、图 8-4）。

图 8-3 钢轨夹板

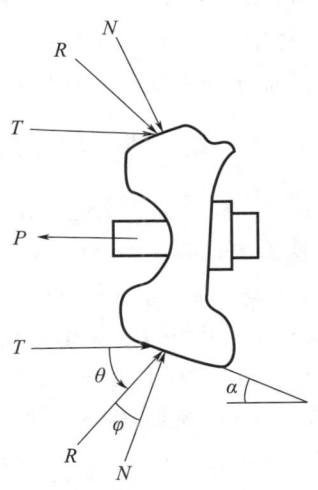

图 8-4 钢轨夹板受力图

中间扣件和防爬设备抵抗钢轨沿轨枕面纵向位移的阻力，均称扣件阻力（图 8-5、图 8-6）。为了防止钢轨爬行，一般要求扣件阻力必须大于道床纵向阻力；在一些特殊地段，如桥上、钢轨伸缩调节器（expansion rail joint）基本轨的伸缩范围内，为了降低桥梁所受纵向力和保证钢轨的正常伸缩，要求扣件阻力小于道床阻力。扣件阻力由钢轨底面沿垫板上表面之间的摩阻力和扣件与轨底扣着面之间的摩阻力所组成。摩阻力的大小，取决于扣件系统的扣压力（clamping force of fastener）和摩擦系数（friction coefficient）的大小。

图 8-5 扣件

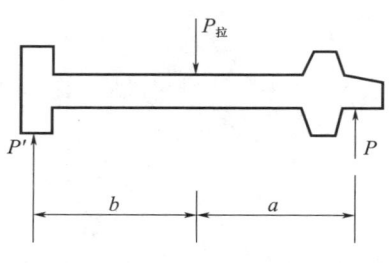

图 8-6 扣板受力图

道床纵向阻力是指道床抵抗轨道框架纵向位移的阻力，由轨枕与道床之间的摩阻力和枕木盒内道砟抗推力共同组成。一般以每根轨枕的阻力 R，或每延厘米分布阻力 r 来表示。它是抵抗钢轨伸缩、防止线路爬行的重要参数。道床纵向阻力受道砟材质（material of ballast）、颗粒级配（grain composition）、道床断面（section of ballast bed）、捣固质量（the quality of tamping）、脏污程度（degree of ballast contamination）、轨道框架质量等因素的影响。只要钢轨与轨枕间的扣件纵向阻力大于道床抵抗轨枕纵向移动的阻力，则无缝线路长钢轨的温度应力和应变的纵向分布规律将完全由接头阻力和道床纵向阻力确定。

第三节 无缝线路的稳定性 (Stability of CWR)

在夏季高温季节，无缝线路的钢轨内部会产生巨大的温度力，容易引起轨道横向变形（lateral deformation），在列车动力或人工作业（manual operation）等干扰下，轨道弯曲变形（bending deformation）有时会突然增大，这一现象称为胀轨跑道（swelling track or bulging track），在理论上称为丧失稳定（lose the stability），如图 8-7 所示。这对列车运行的安全是个极大的威胁。

胀轨跑道的物理实质是轨道框架抵抗弯曲的能力，尤其是道床横向阻力（lateral resistance of ballast）已约束不住轨道横移（transverse moving of track）和弯曲变形的发展，以致整个轨道失去稳定平衡，从而使积存于轨道框架内的巨大弹性势能，尤其是钢轨轴向的压缩变形能（compression deformation energy），突然释放出来。这个过程是在瞬间完成的，具有明显而强烈的动态特征（dynamic characteristic）。

图 8-7　无缝线路胀轨跑道

大量调查表明，大多数的胀轨跑道事故并非温度、压力过大所致，而是由于对影响无缝线路稳定的因素认识不足，在养护维修中破坏了这些因素而发生的。因此，研究无缝线路必须研究丧失稳定与保持稳定两方面的因素。

无缝线路保持稳定的主要因素有道床横向阻力和轨道框架刚度（stiffness of track frame），应该保证足够的扣压力和道床阻力，保持轨枕端部、下部以及轨枕之间的道砟密实，阻止轨枕移动。丧失稳定的主要因素是温度压力与轨道初始弯曲（initial bend of track）。由于温升引起的钢轨轴向温度压力是构成无缝线路稳定问题的根本原因，而初始弯曲是影响稳定的直接因素，胀轨跑道多发生在轨道的初始弯曲处。因而控制无缝线路初始弯曲的大小，对保证轨道稳定有重要作用。

专业词汇汉英对照（Glossary）

专业词汇	拼音	英文
无缝线路	wúfèng xiànlù	continuously welded rail
焊接	hànjiē	weld
薄弱	bóruò	weakness
不平顺	bùpíngshùn	irregularity
翻浆冒泥	fānjiāng màoní	mud pumping
温度应力	wēndù yīnglì	temperature stress

续表

专业词汇	拼音	英文
温度应力式无缝线路	wēndù yīnglìshì wúfèng xiànlù	CWR of temperature stress type
放散温度应力式无缝线路	fàngsàn wēndù yīnglìshì wúfèng xiànlù	CWR of temperature destressing type
普通无缝线路	pǔtōng wúfèng xiànlù	common continuously welded rail
全区间无缝线路	quánqūjiān wúfèng xiànlù	all section CWR
跨区间无缝线路	kuàqūjiān wúfèng xiànlù	trans-section CWR
基本原理	jīběn yuánlǐ	rationale
完全约束	wánquán yuēshù	complete constrained condition
断面面积	duànmiàn miànjī	section area
变化率	biànhuàlǜ	rate of change
无限长	wúxiàncháng	infinite length
锁定轨温	suǒdìng guǐwēn	fastening-down temperature of rail
落槽就位	luòcáo jiùwèi	receiving in place
施工锁定轨温	shīgōng suǒdìng guǐwēn	fastening-down temperature of rail in construction
设计锁定轨温	shèjì suǒdìng guǐwēn	fastening-down temperature of rail in design
轨温	guǐwēn	temperature of rail
气温	qìwēn	air temperature
纵向阻力	zòngxiàng zǔlì	longitudinal resistance
接头阻力	jiētóu zǔlì	joint resistance
扣件阻力	kòujiàn zǔlì	fastener resistance
道床纵向阻力	dàochuáng zòngxiàng zǔlì	longitudinal resistance of ballast bed
钢轨夹板	gāngguǐ jiābǎn	joint bar
螺栓	luóshuān	bolt
摩阻力	mózǔlì	friction resistance
抗剪力	kàngjiǎnlì	shearing resistance
伸缩调节器	shēnsuō tiáojiéqì	expansion rail joint

续表

专业词汇	拼音	英文
扣压力	kòuyālì	clamping force of fastener
摩擦系数	mócā xìshù	friction coefficient
道砟材质	dàozhǎ cáizhì	material of ballast
颗粒级配	kēlì jípèi	grain composition
道床断面	dàochuáng duànmiàn	section of ballast bed
捣固质量	dǎogù zhìliàng	the quality of tamping
脏污程度	zāngwū chéngdù	degree of ballast contamination
横向变形	héngxiàng biànxíng	lateral deformation
人工作业	réngōng zuòyè	manual operation
弯曲变形	wānqū biànxíng	bending deformation
丧失稳定	sàngshī wěndìng	lose the stability
道床横向阻力	dàochuáng héngxiàng zǔlì	lateral resistance of ballast
轨道横移	guǐdào héngyí	transverse moving of track
压缩变形能	yāsuō biànxíngnéng	compression deformation energy
动态特征	dòngtài tèzhēng	dynamic characteristic
轨道框架刚度	guǐdào kuàngjià gāngdù	stiffness of track frame
轨道初始弯曲	guǐdào chūshǐ wānqū	initial bend of track

思 考 题（Questions）

（1）无缝线路有哪些类型？
（2）简述无缝线路的基本原理。
（3）影响无缝线路稳定性的主要因素有哪些？
（4）桥上无缝线路受到哪些纵向附加力作用？
（5）将下面的英文翻译成中文。

Most modern railways use continuous welded rail（CWR）. In this form of track, the rails arewelded together by utilizing flash butt welding to form one continuous rail that may be several kilometers long, or thermite welding to repair or splice together existing CWR segments. Because there are few joints, this form of track is very strong, gives a smooth ride, and needs less maintenance; trains can travel on it at higher speeds and with less friction. Welded rails are more expensive to lay than jointed tracks, but have much lower maintenance costs.

There is no theoretical limit to how long a welded rail can be. However, if longitudinal and lateral restraint are insufficient, the track could become distorted in hot weather and cause a derailment. Distortion due to heat expansion is known as buckling. Attention needs to be paid to compacting the ballast effectively, including under, between, and at the ends of the sleepers, to prevent the sleepers from moving. In extreme hot weather special inspections are required to monitor sections of track known to be problematic.

拓展阅读（Extensive Reading）

跨区间无缝线路

跨区间无缝线路是指在完善了桥上无缝线路、高强度胶接绝缘接头、无缝道岔等多项技术以后，把闭塞区间的绝缘接头乃至整个区间甚至几个区间（包括道岔、桥梁、隧道等）都焊接（或胶接、冻结）在一起，取消缓冲区的无缝线路，是与高速重载铁路相适应的轨道结构。

跨区间无缝线路从本质上说与普通无缝线路没有什么区别，但其在结构、铺设、养护维修等方面具有不同的特点，并带来很多新的技术问题。其主要特点有：胶接绝缘接头和冻结接头的广泛应用；道岔无缝化技术；跨区间无缝线路的焊接和施工；跨区间无缝线路的养护和维修；桥上无缝道岔技术。

"跨区间无缝线路结构检算及设计软件开发"科研项目开发的桥上无缝线路计算软件，提供了多种线路阻力取值模式，可计算伸缩力、挠曲力、断轨力、制动力和牵引力，满足了简支梁、连续梁、刚构梁及各类特殊桥型，有砟及无砟梁的桥上无缝线路设计计算的需要。成果还利用有限元法建立了无缝道岔及道岔群的计算模型、理论和方法，理论严密，解决了大号码道岔及道岔群无缝线路设计计算的技术难题。编制的软件可完成不同道岔结构形式、单组道岔或道岔群、道岔不同焊接方式等多种工况及其组合下的钢轨、传力部件受力和位移计算。

跨区间无缝线路结构检算及设计软件计算结果可靠、运行稳定、实用性强，已在多条铁路的无缝线路设计中得到运用，较好地指导了成都枢纽北环线、遂渝线、胶济线、福厦线、达成线、黔桂线、襄渝线、昆沽线、浙赣线、郑西客专、武广客专、胶济客专等铁路的跨区间无缝线路设计。

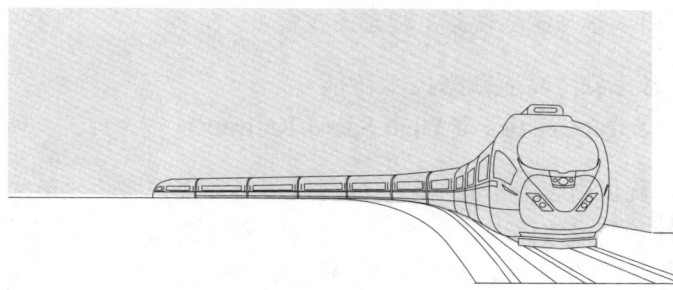

第 九 章

高速铁路
High Speed Railway

根据 UIC（国际铁路联盟）(International Union of Railways) 定义，高速铁路是指通过改造原有线路，使运营速度达到 200km/h 以上，或者专门修建新的"高速新线"，使运营速度到达 250km/h 以上的铁路系统。

中国《高速铁路设计规范》(TB 10621—2014) (Code for Design of High Speed Railway) 规定，新建铁路旅客列车最高行车速度到达 250km/h 及以上的铁路为高速铁路。

第一节 中国高速铁路发展的三个阶段
(Three Stages of Chinese High Speed Railway Development)

中国铁路在完成既有铁路的六次大提速的基础上，大规模地进入客运专线高速铁路建设，中国高速铁路的发展历程可分为三个阶段。

第一个阶段是引进借鉴合作试验阶段：2001—2005 年，主要在秦沈（Qinhuangdao-Shenyang）、京津（Beijing-Tianjiin）、合武（Hefei-Wuhan）线进行高速铁路的试验性建设。主要是以购买或合作建设模式引进技术，在建设中借鉴学习并消化吸收，消化过程中发现问题并寻找差距，在解决问题中寻找方法并积累经验。

第二个阶段是推广应用研发整合阶段：2006—2015 年，主要是武广、郑西、京武、沪宁、京沪、石太、哈大、沪杭、杭长、沪昆、兰新等一大批高速铁路的大规模建设，并在建设中推广应用成功经验、改进技术方法、整合建设资源、改进管理模式、提高投资功效（降低投资风险）。

第三个阶段是自创品牌走出国门阶段：2016 年至今，在持续建设中，总结建设经验，打包高铁技术，创建"中国高铁"品牌，制定"高铁标准"，借助

"一带一路"平台,走出国门,参与国际铁路工程建设投资。

第二节 高速铁路技术特征
(Technical Characteristics of High Speed Railway)

高速铁路的基础设施是确保高速行车的基础。高速铁路与常规铁路相比最大的区别在于线路的高平顺性,其最终体现在轨道上。无论轨道是铺设在路基上或在桥梁上,也无论是何种类型的轨道,都要求它不仅在空间上要具有平缓(gentle)的线形、高精度(accuracy)的允许差、高光洁度(degree of finish)的轨面,而且在时间上要具有稳固的高保持性,如图9-1所示。

高速列车是高速铁路的运输载体(carrier),是实现高速铁路功能的关键。为确保高速行车主要功能指标的落实,高速列车在车型、牵引、制动、减振、列控、检测、供电等一系列专业技术上都取得重大突破。建立在轮轨系基础上的各类高速列车汲取了当代相关高新技术,已做出为世人瞩目的成就,如图9-2所示。

图 9-1 京津城际铁路　　　　图 9-2 行驶在武广高速铁路上的 CRH 3

高速铁路运行控制(operational control)、行车指挥(train traffic control)及运营管理(operations management)各系统是确保高速列车运行安全有序、发挥效率与效益的核心体系。由于行车速度大幅度提高,列车行车密度增加,行车组织(running organization)节奏明显增快,高速铁路运行控制及调度系统更加完备,运输组织与经营管理体系更加严密。高速铁路调度指挥系统是以行车调度为核心,集动车底调度(dispatch)、电力调度、综合维修调度、客运服务调度、防灾(disaster prevention)安全监控为一体的综合自动化系统,可确保高速高密度行车的安全与效能。

第三节 高速铁路总体设计
(Overall Design of High Speed Railway)

高速铁路总体设计应符合旅行时间与最高行车速度、旅客舒适度、节能与环保、安全与防灾、旅客列车开行原则与开行方案等目标要求。

高速铁路设计年度一般分为近期与远期。对铁路基础设施及不易扩建的建筑物和设备，应按远期运量和运输性质设计，并适应长远发展规划。高速铁路主要技术标准应根据其在铁路网中的作用、沿线地形、地质条件、输送能力和运输需求等，在设计中按系统优化的原则经综合考虑后确定。

高速铁路系统由土建工程（civil engineering）、牵引供电（traction power supply）、列车运行控制、高速列车、运营调度、客运服务（passenger service）等子系统构成。高速铁路系统集成应注重各系统间标准匹配协调（coordinate）、接口设计协调、固定和移动设备匹配兼容（compatibility），实现系统优化。

高速铁路综合选线包括选线设计（railway alignment design）、引入大型客站、铁路定线等内容。

高速铁路设计应注重质量、安全、工期、投资、环保和科技创新的综合优化。

第四节　高速铁路线形设计
(Alignment Design of High Speed Railway)

高速铁路线形设计应重视线路空间曲线的平顺性，提高旅客乘坐的舒适度。

由于高速列车运行时会产生列车风，相邻线路高速列车相向运行所产生的空气压力（air pressure）冲击波易震碎车窗玻璃，使旅客感到不适，甚至影响列车运行的稳定性，故高速线路的线间距（distance between centers of tracks）较普通铁路有所增大。

关于线路平面的设计，正线线路的平面圆曲线半径应因地制宜、合理选用。相邻两曲线间的夹直线最小长度应根据公式计算确定。高速铁路技术的发展和运营速度的不断提高，对缓和曲线（transition curve）线形及其运营性能提出了更高的要求。德国高速铁路缓和曲线对外轨超高顺坡率（superelevation slope rate）做出了严格的限制，并采用较长的缓和曲线以适应高速行车的要求。法国高速铁路是在三次螺旋缓和曲线两端立面上加一段 40m 长的余弦曲线圆顺段。中国高速铁路缓和曲线仍采用三次抛物线（cubical parabola）线形，其长度根据设计行车速度、曲线半径和地形特点查表合理选用。

关于纵断面的设计，中国《高速铁路设计规范》（TB 10621—2014）规定，正线区间的最大坡度不宜大于 20‰，困难条件下经技术经济比较后，不应大于 30‰。动车组走行线最大坡度不应大于 35‰。正线宜设计为较长的坡段，最小坡段长度（length of grade section）应根据设计速度要求确定。为保证列车在变坡点处的运行安全和满足乘客的舒适性要求，相邻坡段的坡度差（slope difference）大于 1‰ 时应采用圆曲线的竖曲线（vertical curve）联结。区间正线的竖曲线半径应根据所处区段的设计速度要求确定。

第五节 高速铁路轨道结构
(Track Structure of High Speed Railway)

高速铁路正线及到发线一般按一次性铺设跨区间无缝线路设计。轨道结构和普通铁路轨道结构一样，由钢轨、轨枕、扣件、道床、道岔等组成（图 9-3）。高速铁路轨道结构尽量采用无砟轨道，无砟轨道结构的设计使用年限（service life）不少于 60 年。高速铁路对轨道结构有如下要求：

图 9-3　中国高速铁路无砟轨道结构

1. 高平顺性

高速铁路轨道的高平顺性主要体现在以下几个方面：钢轨的原始平直度（flatness）公差要小，焊缝的几何尺寸公差要小，道岔区不能有接头轨缝、有害空间（gap in the frog）等不平顺，高低、轨向、水平、扭曲和轨距偏差等不平顺幅度值要小，敏感波长和周期性不平顺的幅值要小，轨道不平顺各种波长的功率谱（power spectrum）密度值要小。

2. 高可靠性、长寿命

高可靠性主要是指轨道结构保持高平顺性，维持线路正常运营的能力。高速列车荷载的特点主要在于高频（high frequency）冲击和振动，这种高频荷载容易造成扣件松动、轨下胶垫（rubber pad）磨耗、混凝土轨枕槽破损等。提高轨道对高频冲击和振动荷载的承受能力，是高速铁路轨道结构所追求的主要目标之一。长寿命指的是轨道结构有较长的维修周期。

3. 高稳定性

采用跨区间无缝线路是提高轨道结构的连续性、均匀性的重大举措。在跨区间无缝线路中，道岔的连续焊接会使道岔区基本轨产生附加温度力，从而使结构受力和变形更为复杂的道岔区成为高速铁路稳定性的控制；高速列车的高频冲击和振动，会使轨道结构的纵、横向阻力，即轨道自身保持稳定的能力降低。高速列车的蛇形（snaking motion）和横向振动又会使作用在轨道上的横向荷载加大，增加轨道横向失稳的可能性。因此高速铁路轨道结构的稳定性仍然是值得关注的课题。

专业词汇汉英对照（Glossary）

专业词汇	拼音	英文
高速铁路	gāosù tiělù	high speed railway
国际铁路联盟	Guójì Tiělù Liánméng	International Union of Railways
设计规范	shèjì guīfàn	design specification
平缓	pínghuǎn	gentle
精度	jīngdù	accuracy
光洁度	guāngjiédù	degree of finish
载体	zàitǐ	carrier
运行控制	yùnxíng kòngzhì	operational control
行车指挥	xíngchē zhǐhuī	train traffic control
运营管理	yùnyíng guǎnlǐ	operations management
行车组织	xíngchē zǔzhī	running organization
调度	diàodù	dispatch
防灾	fángzāi	take precautions against natural calamities
土建工程	tǔjiàn gōngchéng	civil engineering
牵引供电	qiānyǐn gōngdiàn	traction power supply
客运服务	kèyùn fúwù	passenger service
协调	xiétiáo	coordinate
兼容	jiānróng	compatibility
选线设计	xuǎnxiàn shèjì	railway alignment design
空气压力	kōngqì yālì	air pressure
线间距	xiànjiānjù	distance between centers of tracks
超高顺坡率	chāogāo shùnpōlǜ	superelevation slope rate
三次抛物线	sāncì pāowùxiàn	cubical parabola

续表

专业词汇	拼音	英文
坡段长度	pōduàn chángdù	length of grade section
坡度差	pōdùchā	slope difference
竖曲线	shùqūxiàn	vertical curve
使用年限	shǐyòng niánxiàn	service life
平直度	píngzhídù	flatness
有害空间	yǒuhài kōngjiān	gap in the frog
功率谱	gōnglǜpǔ	power spectrum
高频	gāopín	high frequency
胶垫	jiāodiàn	rubber pad
蛇形	shéxíng	snaking motion

思考题（Questions）

（1）简述高速铁路的定义。

（2）简述高速铁路的三个主要技术特征。

（3）简述高速铁路线形设计的要求。

（4）简述高速铁路对轨道结构的三个基本要求。

（5）将下面的英文翻译成中文。

High speed railway is a type of rail transport that operates significantly faster than traditional rail traffic, using an integrated system of specialized rolling stock and dedicated tracks. The first such system began operations in Japan in 1964 and was widely known as the bullet train. High speed trains normally operate on standard gauge tracks of continuously welded rail on grade-separated right-of-way that incorporates a large turning radius in its design.

Continuous welded rail is generally used to reduce track vibrations and misalignment. Almost all high speed lines are electrically driven via overhead cables, have in-cab signalling, and use advanced switches using very low entry and frog angles.

拓展阅读（Extensive Reading）

京沪高速铁路简介

京沪高速铁路是《中长期铁路网规划》中一次投资规模最大、线路最长、技术含量最高的一项工程，如图9-4所示。京沪高速铁路全长1318km，工程地质条件复杂，要跨越长江、黄河等大江大河，建设规模和难度世界少有。该项目于2008年4月18日开工，2011年6月正式开通。

京沪高速铁路起自北京南站，沿线途经天津、德州、济南、徐州、蚌埠、南京、常州、无锡、苏州，止于上海虹桥站，设车站24个，另由联络线引入天津西站和上海站。其中北京南站、济南西站、南京南站和上海虹桥站为正线上的始发站，天津西站和上海站为通过联络线引入的始发站。

图9-4 重联CRH5A型动车组运行于京沪高速铁路

哈大高速铁路

哈大高速铁路北起黑龙江省哈尔滨市，经吉林省松原、长春、四平，辽宁省铁岭、沈阳、辽阳、鞍山、营口，南抵滨海城市大连，线路纵贯东三省。它是我国东北严寒地区第一条高速铁路客运专线，所经地区极端最低温度为零下39.9℃。防冻是哈大高速铁路和列车都要解决的工程重点问题。

哈大铁路客运专线的总体设计单位——中铁第三勘察设计院在哈大客运专线设计过程中，开展了"哈大客运专线基础工程综合技术"等一系列课题的研究，以保证在严寒环境下列车的运营安全。主要包括严寒区铁路路基防冻胀结构及设计参数研究、寒区铁路工程冻胀特点与防治措施研究、寒区客运专线路基与桥涵防冻胀技术研究、寒区铁路混凝土结构耐久性技术研究等。

采取的防冻措施主要有：
（1）路基在冻结深度范围内均填筑非冻胀性填料。
（2）路基高度小于冻结深度的地段设置降水设施。
（3）路基间排水采取轨道板底座内设置钢管外排设计。
（4）低路堤地段设置防冻胀护道。
（5）地下排水设施出水口采用防冻胀设计。
（6）轨道采用防开裂的双向预应力 CRTS Ⅰ 型板式无砟轨道，并在通用图基础上予以加强。
（7）轨枕板与基床之间，采用防冻高性能 CA 砂浆。
（8）道岔加装融雪设施。
（9）牵引供电接触网系统加设融冰装置。
（10）全线设置冰雪监控系统，采用 CRH380BG 防寒型高速列车。

第十章

重载铁路
Heavy Haul Railway

重载铁路是指行驶列车总重大、轴重大或行车密度和运量都很大的铁路。重载列车运输组织形式分为单元式（unit heavy haul train）、整列式（integer heavy haul train）、组合式（combined heavy haul train）三种。重载运输在运送大宗货物上显示出高效率、低成本的巨大优势，是铁路运输规模经济和集约化经营的典范，如大秦重载铁路。

世界铁路重载运输从20世纪50年代开始出现并发展起来，20世纪60年代中后期开始取得实质性进展。美国、加拿大及澳大利亚等国铁路相继在运输大宗散装货物的主要方向上开创了固定车底单元列车循环运输方式。1978年，第一届国际重载大会在澳大利亚珀斯召开，1985年国际重载运输协会（International Heavy Haul Association）正式成立，重载运输逐步成为铁路货物运输领域的先进生产力代表。

随着重载运输的发展，国际重载运输协会在2005年巴西年会上对重载铁路的标准做了最新的修订，重载铁路必须满足下列三条标准中的至少两条：(1) 重载列车牵引质量(traction weight or traction load)至少达8000t；(2) 轴重（或计划轴重）为27t及以上；(3) 在长度不小于150km的线路区段上年运量达到4000万t及以上。

第一节 重载铁路主要技术特征
(Main Technical Characteristics of Heavy Haul Railway)

与普通铁路相比，铁路重载运输有以下主要技术特征。

1. 牵引质量大，轴重高

一般重载列车的平均牵引质量普遍达到2万~3万t。一般在重载铁路的轴重已达到 25～30t。

2. 先进的列车技术

这方面主要包括双层集装箱运输（container transportation）、径向转向架技术、重载机车、重载车辆以及列车控制技术（train control technology）。

3. 良好的线路条件

重载铁路多采用 60kg/m 以上钢轨和Ⅲ型混凝土轨枕的重型轨道结构。其中，钢轨采用高强度全长淬火（quench）的强韧化材质，具有良好的耐磨性、防表面裂纹、防轨内裂纹等特点，采用铝热焊新技术；采用超长轨条无缝线路和可动心轨道岔的先进轨道结构形式；路基具备良好的排水和防水系统，边坡防护工程完善，采用优质的路基填料，使路基具有高强度和高稳定性。

4. 先进的装卸设备（Handling Equipment）

以重载单元列车为例，在装车地，整列装车在线路轨道上的车位表示器（indicator）与机车上受自动调速器（governor）联控，保证装车车列匀速前进、准确对位，并与储仓装料口的开闭协调配合；在卸车地，有条件的地区设有整列不停车卸车的环线线路，条件受限地区采用分组卸车的方法。

5. 先进的安全监测技术

采用集成型（integrated）路旁安全监测系统、先进的轨检车及钢轨探伤车、地面探测雷达（detection radar）等技术对路基、轨道结构、接触网状态等进行监测。

第二节 重载铁路线路（Heavy Haul Railway Line）

开行重载列车必须有与之相适应的线路，这里主要指线路的承载能力、几何尺寸、站线长度（length of station track）、线路坡度等，它们必须符合列车在运行中静动荷载对线路所产生的各种力的要求，也就是使线路与重载列车协调配套。

新建或改建（new construction or reconstruction）重载运输线路限制坡度（limiting gradient）的选择与建设投资（construction investment）、列车牵引质量、列车速度和运营支出有直接影响。最合适的限制坡度应该是在保证运输安全与运输要求的基础上，达到最佳的经济效益，如图 10-1 所示。

在重载运输线路上，曲线半径对建设投资、列车运行速度、轨道使用寿命、线路运输能力和运输成本（transportation cost）产生较大的影响。因此，选择最小曲线半径应充分重视重载铁路的特点，结合地形、行车速度、养护维修和运行安全等条件，通过技术经济比选（comparison and selection），尽可能采用较大的曲线半径。

重载铁路列车牵引质量和长度的增加，在很大程度上受到车站到发线有效长度的限制。其长度要根据组织开行的重载列车的主要形式和牵引质量确定。

第十章 重载铁路
Heavy Haul Railway

图 10-1 重载铁路

第三节 重载铁路轨道结构
(Track Structure for Heavy Haul Railway)

重载铁路的特点是提高了运量,加大了车体的轴重。在铁路轨道上,轴重反映了轨道承受的静荷载强度,轴重越大,轨道承受的荷载也就越大。随着列车荷载的反复循环作用(circulation),极易使轨道部件发生各种疲劳伤损(fatigue damage),严重影响轨道结构的正常工作。为发挥重载的运输优势,必须采用强韧化(strengthening and toughening)的轨道,以抵御重载列车对轨道结构的破坏,强化轨道结构和延长使用寿命,确保列车的运行安全并减少养护维修工作量。

在钢轨方面,美国针对重载线路最经常出现的钢轨表面裂纹、轨内裂纹故障进行了大量的研究试验,目前已经开发出一种新型 HE(Hyper Eutectold)型钢轨,具有耐磨、抗表面裂纹及抗轨内裂纹生成的特殊性能。重载铁路一般铺设75kg/m 的重型钢轨。

为使轨枕适应大轴重所固有的更大的静载荷和动载荷,需要采用先进的设计和工程技术来开发轨枕。

为了适应重载轨道的需要,近几年来我国成功研制出适用于重载线路上的弹条Ⅱ、Ⅲ型扣件。

为了使道床更好地适应重载运输,并尽可能减少道床养护维修工作,应当从道床断面、道砟材质来探索线路道床工作性能变化规律。资料表明,道床横向阻力对保持轨道横向稳定性起到的作用占整个轨道的 65%。对于重载无缝线路,要求道床横向阻力更大些。

重载轨道的道岔应当与区间相适应,即钢轨类型、轨枕配置(configuration)

都不应比区间低、单开道岔的辙叉号选择是根据运输条件及侧向（side direction）允许通过速度确定的，在重载线上规定应采用12号以上的道岔（图10-2）。

图10-2 重载铁路轨道结构

专业词汇汉英对照（Glossary）

专业词汇	拼音	英文
重载铁路	zhòngzài tiělù	heavy haul railway
单元式	dānyuánshì	unit heavy haul train
整列式	zhěnglièshì	integer heavy haul train
组合式	zǔhéshì	combined heavy haul train
国际重载运输协会	Guójì Zhòngzài Yùnshū Xiéhuì	International Heavy Haul Association
牵引质量	qiānyǐn zhìliàng	traction weight or traction load
集装箱运输	jízhuāngxiāng yùnshū	container transportation
列车控制技术	lièchē kòngzhì jìshù	train control technology
淬火	cuìhuǒ	quench
装卸设备	zhuāngxiè shèbèi	handling equipment
表示器	biǎoshìqì	indicator
调速器	tiáosùqì	governor
集成型	jíchéngxíng	integrated

续表

专业词汇	拼音	英文
探测雷达	tàncè léidá	detection radar
站线长度	zhànxiàn chángdù	length of station track
改建	gǎijiàn	reconstruction
限制坡度	xiànzhì pōdù	limiting gradient
建设投资	jiànshè tóuzī	construction investment
运输成本	yùnshū chéngběn	transportation cost
比选	bǐxuǎn	comparison and selection
循环作用	xúnhuán zuòyòng	circulation
疲劳伤损	píláo shāngsǔn	fatigue damage
强韧化	qiángrènhuà	strengthening and toughening
配置	pèizhì	configuration
侧向	cèxiàng	side direction

思 考 题（Questions）

（1）简述重载铁路的定义。

（2）简述重载铁路的主要技术特征。

（3）简述重载铁路对线路的要求。

（4）简述重载铁路对轨道的要求。

（5）将下面的英文翻译成中文。

Rail freight transport is the use of railroads to transport cargo as opposed to human passengers. A freight train or goods train is a group of freight cars (US) or goods wagons (UIC) hauled by one or more locomotives on a railway, transporting cargo all or some of the way between the shipper and the intended destination as part of the logistics chain.

The International Heavy Haul Association (IHHA) is a worldwide non-governmental, scientific and technological association of heavy haul railways and their advocates. The IHHA is incorporated in the United States of America as a not-for-profit association.

拓展阅读（Extensive Reading）

中国重载铁路发展的四个阶段

1. 第一阶段：改造既有线、开行重载组合列车

1984年11月，北京铁路局在大同—秦皇岛间进行了双机牵引7400t的重载组合列车试验，从大同西场出发，直达秦皇岛东站，卸货后原列空车返回。车辆使用C61缩短型的敞车和装有配套制动技术的新型C62A型车辆。针对煤炭货源、货流的特点，采取了"五定班列"的运输组织方式（图10-3）。

图10-3　集装箱铁路货车

为了扩大重载组合列车的开行范围，1985年铁道部决定在沈山线试验开行非固定式的重载组合列车（不受车底、车型、钩型及制动机型的限制）。试验成功后，同年8月起在山海关至沈阳间下行方向正式开行7000t的重载组合列车。1986年4月1日起纳入列车运行图，每日开行5列。1985年7月，北京铁路局与济南铁路局配合，在石太、石德、津浦线（大郭村—济南西站）也试验开行了非固定式的组合列车，试验成功后，于1985年10月11日起每天开行1列。郑州铁路局相继在平顶山至武汉（江岸西站）间，隔日开行1列双机牵引6500t的重载组合列车。上海、济南铁路局也相继在徐州北至南京东站间每日开行1对双机牵引7000~8000t的重载组合列车。

2. 第二阶段：新建大秦铁路、开行重载单元式列车

20世纪80年代中期至90年代初，中国自行设计和修建了第一条大（同）—秦（皇岛）双线电气化重载运煤专线，该线路653km，是借鉴北美、

澳大利亚等国开行重载单元列车的经验而修建的。1990年6月5日在大秦线上试验开行了第一列由两台SS3型电力机车牵引120辆煤车、全长1630m载重量达10404t的重载列车。1992年12月21日大秦线全线开通后，基本上采取开行重载单元列车模式，列车载重量为6000~10000t。

3. 第三阶段：改造繁忙干线、开行5000t级重载混编列车

为缓解京沪、京广、京哈等繁忙线的运输紧张状况，从1992年起，通过调整机车类型和延长车站到发线有效长至1050m，开行了5000t级重载混编列车。1992年8月，先后在京沪线徐州北—南京东、京广线石家庄—郑州北间试验，成功开行了总载重量为5134t（2台北京型机车牵引）和5119t（2台北京型机车牵引）的重载混编列车。从1993年4月1日起，在京沪、京广线一些区段开行5000t重载列车正式纳入列车运行图。此后，经过实际运行试验，在1997年4月1日实施的运行图中，京哈线也安排了开行5000t重载列车固定运行线。至此，中国铁路三大主要繁忙干线都开行了5000t级重载混编列车。

4. 第四阶段：大秦线开行20000t、提速繁忙干线开行5500~5800t

2006年3月28日在大秦线正式开行了20000t重载组合列车，使中国铁路重载运输技术水平跨入了世界先进行列。2014年4月2日，大秦线满载30000t煤炭的试验列车取得圆满成功，列车由4台电力机车牵引、320辆货车编组、总长3971m。

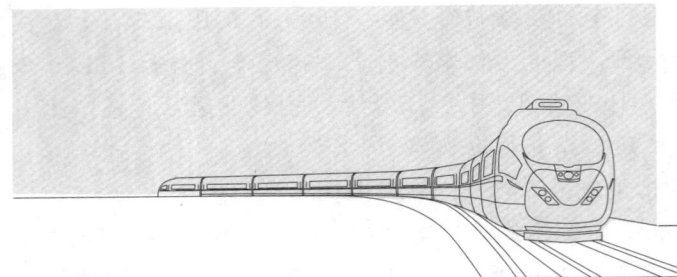

第十一章

城市轨道交通
Urban Rail Transit

轨道交通不同于其他交通方式，它需要车辆在固定的轨道上行驶，不同的轨道交通方式需要不同的轨道结构与它相适应。随着现代技术的发展，城市轨道交通领域出现了许多新的形式，除了传统的地铁（subway or metro）和轻轨（light rail）外，还有直线电机系统（linear induction motor system）、独轨交通系统（monorail transit system）、磁悬浮系统（magnetic levitation system）以及空中客车等缆索系统（cable system）。分析各种轨道交通方式的工作原理、轨道结构、车辆结构等，它们的不同点主要表现为支撑和导向方式（the way of support and guide）的不同、牵引方式（mode of traction）的不同和客运量（passenger capacity）的不同。

按支撑和导向方式的不同可将轨道交通系统分为钢轮/钢轨系统、胶轮系统（rubber wheel system）、索道系统和磁悬浮系统。

按牵引方式的不同可将轨道交通分为旋转电机（rotating motor）牵引的轨道交通、直线电机牵引的轨道交通和内燃发动机牵引的轨道交通。

城市轨道交通系统可以根据运量的不同按运量等级分为大运量、中运量和小运量系统。中国城市轨道交通建设标准将单向断面高峰小时客运量3万人以上称为大运量系统，1万～3万人称为中运量系统，1万人以下称为小运量系统。

第一节 独轨交通 (Monorail Transit)

独轨交通是指车辆在一根轨道上运行的轨道交通系统。按走行模式和构造的不同，分为跨坐式（straddle monorail）和悬挂式（suspended monorail）两种，跨坐式是车辆跨坐在轨道梁上行驶，悬挂式是车辆悬挂于轨道梁下方行驶。独轨交通的适应范围比较广，大体可分为中运量城市客运交通系统和短途（short distance）、低运量的客运交通系统。

独轨交通与城市其他一般客运交通相比具有以下优点：行驶速度快，运量适中；能够爬陡坡、转急弯，适应地形能力强；施工简单，建设工期短，造价低；占地面积少，空间体形小，能有效利用城市空间；运行安全、舒适；对环境污染少，环境效益优越；对居民正常生活干扰少。其缺点有：列车在空中行驶，在区间万一发生故障，其救援工作复杂；独轨交通的道岔系统比较复杂；独轨交通受橡胶轮胎（rubber tire）承载力的限制，且耐磨性较差，使用寿命比钢轮短（图 11-1、图 11-2）。

图 11-1　美国 Lasvegas 跨坐式独轨交通

图 11-2　日本 Chibacity 悬挂式独轨交通

独轨交通系统基础设施（infrastructure）包括：车辆、轨道梁（track beam）、支柱（strut）、道岔和车站等。轨道梁的支柱通常采用 T 形、倒 L 形和门形。跨坐式独轨交通的支柱一般为钢筋混凝土柱（reinforced concrete column），悬挂式独轨交通的支柱通常采用钢柱（steel column）。

第二节　磁悬浮轨道交通（Maglev Rail Transit）

磁悬浮轨道交通是根据电磁学原理（electromagnetic principle），利用电磁铁产生的电磁力（electromagnetic force）使车辆悬浮，并推动其前进的现代轨道交通。由于它运行时悬浮（suspension）于轨道上，因而没有车轮摩擦，可以突破轮轨黏着（adhesion）极限速度的限制。磁悬浮铁路分为高速磁浮和中低速磁浮两大类。高速磁浮的代表制式是德国 TR 磁浮铁路和日本 MLX 磁浮铁路（图 11-3）。中低速磁浮铁路的典型代表是日本的 HSST 磁浮铁路。

磁悬浮列车的原理简单来说可以分为两类。一类是利用磁铁吸引力（attractive force）使车辆悬浮起来的磁悬浮列车，用的是 T 形导轨，车辆的两侧下部向导轨的两边环抱。在车辆下部的内翻部分面上装有磁力强大的电磁铁

（electromagnet），导轨底部设有钢板。钢板在上，电磁铁在下。所谓电磁铁，就是一个金属线圈（metal coils），当电流流经线圈时，能产生磁力吸引钢板，因而车辆被向上抬举。当吸引力与车辆重力平衡，车辆就可悬浮在导轨上方的一定高度上。改变电流，也就改变磁感应强度，使悬浮的高度得到调整。另一类是采用相斥磁力（repulsion electromagnetic force）使车辆浮起的磁悬浮列车，它的轨道是 U 形的。当列车向前运动时，车辆下面的电磁铁就使埋在轨道内的线圈中感应出电流，使轨道内线圈也变成了电磁铁，而且它与车辆下的磁铁产生相斥的磁力，把车辆向上推离轨道（图 11-4）。

(a)

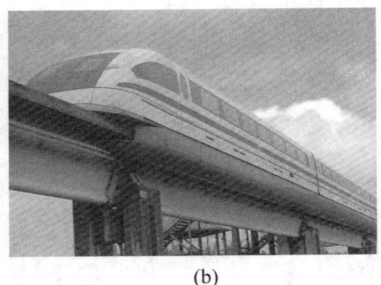
(b)

图 11-3　日本 JR 磁悬浮 MLX01-2 试验车、德国西门子试验段的磁悬浮列车

电动
导轨上的电磁铁
使车厢悬浮

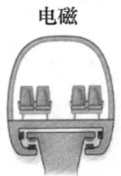
电磁
车厢上的电磁铁
使车厢上升

电力感应
永磁体悬浮在
无源线圈上

图 11-4　悬浮技术

磁悬浮铁路的主要技术优势有：速度高、选线灵活、对环境影响小、安全性能好、能耗较低等。

第三节　城市轨道交通（Urban Rail Transit）

地铁是城市轨道交通（urban rail transit）的先驱。地铁不仅具有运量大、速度快、安全、准时、节省能源、不污染环境等优点，而且可以在建筑群密集、不便于发展地面和高架轨道交通（elevated rail transit）的地区大力发展。严格地讲，地铁已是一个历史名词，如今其内涵与外延均已有相当大的扩展，并不局限于运行在地下隧道中这一种形式，而是在地下、地面、高架运行线路三者结合的一种大容量轨道交通系统。在中国规范中，每小时单向客运量（one way passenger capacity）3万~8万人次的轨道交通系统称为地铁。地铁的走行模式始终是传统的钢轮双轨系统，如图11-5所示。

图11-5　北京首都国际机场直线电机轨道交通

目前，国内外以客运量或车辆轴重（axle load）的大小来区分地铁和轻轨。轻轨现在指运量或车辆轴重稍小于地铁的轻型快速轨道交通。在中国的规范中，每小时单向客运量1万~3万人次的轨道交通系统称为轻轨。现轻轨已形成三种主要类型：钢轨钢轮系统、线性电机牵引系统和橡胶轮系统。

有轨电车（tramcar）是采用电力驱动（electrical drive）并在轨道上行驶的轻型小编组轨道交通车辆。有轨电车系统一般由线路轨道、车辆及控制设备（control equipment）、供电、运营管理等部分组成。现代化的有轨电车由于其容量适中、乘坐舒适、运行经济、建造容易，逐渐成为一种市民喜爱的出行方式。有轨电车系统技术成熟、安全可靠，但是与地铁轻轨相比，低运量及地面运营的特点决定了其使用范围和应用的条件。

专业词汇汉英对照（Glossary）

专业词汇	拼音	英文
地铁	dìtiě	subway or metro
轻轨	qīngguǐ	light rail
直线电机系统	zhíxiàn diànjī xìtǒng	linear induction motor system
独轨交通系统	dúguǐ jiāotōng xìtǒng	monorail transit system

续表

专业词汇	拼音	英文
磁悬浮系统	cíxuánfú xìtǒng	magnetic levitation system
缆索系统	lǎnsuǒ xìtǒng	cable system
支撑和导向方式	zhīchēng hé dǎoxiàng fāngshì	the way of support and guide
牵引方式	qiānyǐn fāngshì	mode of traction
客运量	kèyùnliàng	passenger capacity
胶轮系统	jiāolún xìtǒng	rubber wheel system
旋转电机	xuánzhuǎn diànjī	rotating motor
跨坐式	kuàzuòshì	straddle monorail
悬挂式	xuánguàshì	suspended monorail
短途	duǎntú	short distance
橡胶轮胎	xiàngjiāo lúntāi	rubber tire
基础设施	jīchǔ shèshī	infrasructure
轨道梁	guǐdàoliáng	track beam
支柱	zhīzhù	strut
钢筋混凝土柱	gāngjīn hùnníngtǔzhù	reinforced concrete column
钢柱	gāngzhù	steel column
电磁学原理	diàncíxué yuánǐ	electromagnetic principle
电磁力	diàncílì	electromagnetic force
悬浮	xuánfú	suspension
黏着	niánzhuó	adhesion
吸引力	xīyǐnlì	attractive force
电磁铁	diàncítiě	electromagnet
金属线圈	jīnshǔ xiànquān	metal coils
相斥磁力	xiāngchì cílì	repulsion electromagnetic force
城市轨道交通	chéngshì guǐdào jiāotōng	urban rail transit
高架轨道交通	gāojià guǐdào jiāotōng	elevated rail transit
单向客运量	dānxiàng kèyùnliàng	one way passenger capacity
轴重	zhóuzhòng	axle load
有轨电车	yǒuguǐ diànchē	tramcar
电力驱动	diànlì qūdòng	electrical drive
控制设备	kòngzhì shèbèi	control equipment

思考题 (Questions)

(1) 简述轨道交通方式的分类。
(2) 简述直线电机铁路的工作原理。
(3) 简述独轨交通的优点。
(4) 简述磁悬浮轨道交通的两种类型。
(5) 将下面的英文翻译成中文。

Compared to conventional wheeled trains, differences in construction affect the economics of maglev trains. In wheeled trains at very high speeds, the wear and tear from friction along with the hammer effect from wheels on rails accelerates equipment deterioration and prevents mechanically based train systems from routinely achieving higher speeds. Conversely, maglev tracks have historically been found to be much more expensive to construct, but require less maintenance and have lower ongoing costs.

A tram (also known as tramcar; in North America known as streetcar, trolley or trolley car) is a rail vehicle which runs on tracks along public urban streets, and also sometimes on separate rights of way. The lines or networks operated by tramcars are called tramways. Tramways powered by electricity, which were the most common type historically, were once called electric street railways. Trams also include horsecars, which were widely used in urban areas before electrification reached the world.

拓展阅读 (Extensive Reading)

长沙中低速磁浮快线

长沙磁浮快线，是服务于湖南省长沙市的一条城市轨道交通线路，是中国首条拥有完全自主知识产权的中低速磁浮铁路，于2016年5月6日开通运营，标志色为粉色。

长沙磁浮快线起于磁浮高铁站，途经长沙市雨花区和长沙县，连接长沙南站和长沙黄花国际机场，止于磁浮机场站，大致呈东西走向。长沙磁浮快线线路自长沙南站东广场北侧引出至劳动路，沿劳动路跨过浏阳河，至黄兴大道交叉转向劳动路，随即下穿沪昆高速铁路后，线路沿黄兴大道并上跨黄兴大道，沿机场高速公路南侧走行，向东至收费站后，北上跨机场高速后垂直接入长沙黄花国际机场 T1、T2 航站楼间连廊。

长沙磁浮快线是中国国内第一条自主设计、自主制造、自主施工、自主管理的中低速磁悬浮，是湖南省践行"一带一路"的重点项目，其开通标志着长沙成为中国第二个开通磁悬浮的城市。

长沙磁浮快线采用中低速磁浮列车，常导电磁铁悬浮、直线感应电机牵引，设计最高速度为 100km/h。运用"同极相斥、异极相吸"的电磁原理，每节车底部安装 20 组电磁铁、20 个悬浮稳定器，以保证与 F 轨之间保持 8mm 稳定间隙，以电磁力支撑列车并推动前行。磁浮列车在各种环境下的电磁辐射均低于国际标准规定的安全限制，而噪声值在近距离处仅相当于正常对话的音量。

2018 年 6 月 6 日，长沙磁浮快线完全自主列车自动驾驶系统上线，首列自动驾驶的列车在磁浮高铁站驶出。列车自动驾驶系统（ATO）在列车自动防护系统（ATP 系统）防护下工作，是实现列车自动行驶、精确停站、站台自动化作业等功能的列车自动控制系统。往来于磁浮高铁站和磁浮机场站间的 ATO 列车，已实现单程运行时间较原来缩短 2 分多钟。

长沙磁浮快线运行标志着中国磁浮技术实现了从研发到应用的全覆盖，成为世界上少数几个掌握该项技术的国家之一，有利于推动中国磁浮技术走在前列、促进中低速磁浮产业发展。长沙磁浮快线连接长沙南站与长沙黄花国际机场，有利于长沙打造中部地区"空铁联运"一体化综合交通枢纽，对长沙构建现代交通网络体系、更好地发挥交通在经济社会发展中的先导、基础和支撑作用、实现内陆开放新高地有着重大意义。

第十二章

轨道施工
Track Construction

轨道施工是指将轨道铺设在已完成并达到设计要求的路基、桥上、隧道等构筑物上的工作。

轨道铺设按其性质可分为正常铺轨和临时铺轨；按照铺轨方向可分为单向铺轨（one-way track-laying）和多向铺轨（multidirectional track-laying）；按铺设方式可分为机械铺轨（mechanical track-laying）和人工铺轨（artificial track-laying）。按轨道类型可分为有砟轨道铺设和无砟轨道铺设。人工铺轨主要适用于铺轨工程量小的便线、专用线和旧线局部平面改建；机械铺轨主要适用于铺轨工程量大的新线或旧线的换轨大修及增建等。

轨道施工是铁路新线施工的关键环节。在全线性施工组织设计中，铺轨是决定所有"站前工程"工期的限制线，也是检查关键工程工期上有无困难的主要标准。轨道施工是轨排的生产、运送、铺设以及道床的铺设和整道的大流水作业，施工必须严格按照《铁路轨道工程施工质量验收标准》（TB 10413—2018）的规定进行，并达到铁路轨道工程质量验收标准的要求。

第一节 有砟轨道施工（Construction of Ballast Track）

有砟轨道铺设主要采用单枕连续铺设法，其施工顺序为：施工准备→摊铺（pave）底层道砟→铺枕铺轨→单元轨节焊接（weld）→分层上砟整道→应力放散及线路锁定→轨道整理→钢轨预打磨（rail pregrinding）。在枢纽站改造、联络线铺轨及个别工程量较小的正线铺轨时可采用换铺法或人工铺枕。

机械铺轨的施工准备、轨道部件的质量检验及存储、铺轨基地设置、测量定位、铺底砟（subballast）等施工内容、顺序与人工铺轨基本相同，其主要区别是采用铺轨机进行轨节的铺设等。具体的施工机器如图12-1～图12-6所示。

图 12-1　SVM1000 铺轨机组

图 12-2　TCM60 铺轨机组

图 12-3　08-32 型起拨道捣固车

图 12-4　SPZ-200 型配砟整型车

图 12-5　WD-320 型动力稳定车

图 12-6　钢轨打磨车

第二节　无砟轨道施工（Construction of Ballastless Track）

CRTS Ⅰ型板式无砟轨道结构包括混凝土底座和 CA 砂浆垫层、轨道板（track plate）、扣件和钢轨。

CRTS Ⅰ型板式无砟轨道施工基本流程如图 12-7 所示。

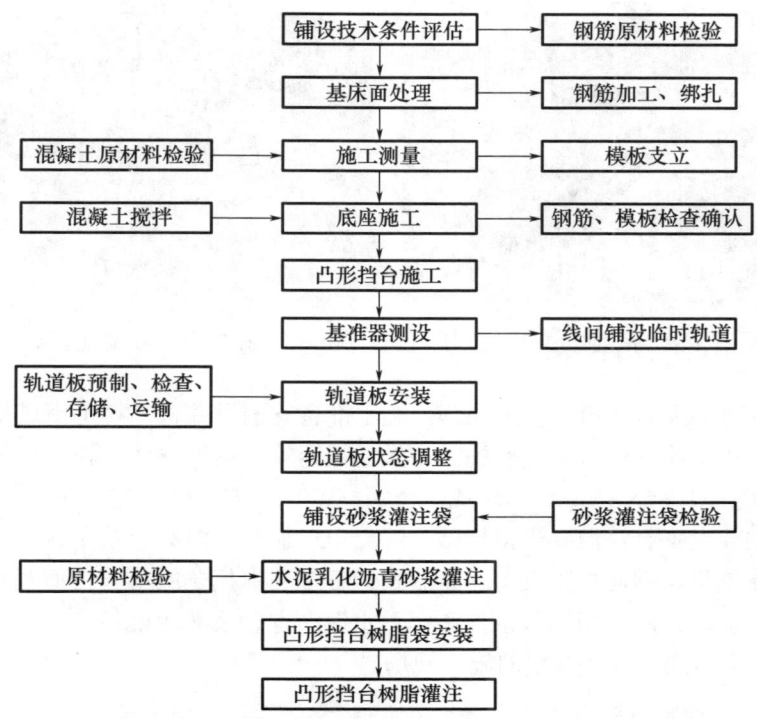

图 12-7　CRTS Ⅰ型板式无砟轨道施工基本流程

CRTS Ⅰ型板式无砟轨道道床施工主要设备包括：混凝土搅拌站、混凝土运输车、混凝土泵车、钢筋加工设备、轨道板安装车、移动式水泥乳化沥青砂浆（emulsified asphalt slurry）搅拌车、水泥乳化沥青砂浆灌注设备、三角规（triangular compass）等。

CRTS Ⅱ型板式无砟轨道施工顺序为：施工准备→测设桩基→桥上滑动层铺设→硬泡沫板铺设→混凝土底座施工→定位圆锥安装→轨道板粗放→轨道板精调→水泥沥青砂浆灌注→轨道板纵向连接→轨道板锚固和剪切连接→挡块施工→质量检查。

CRTSⅡ型板式无砟轨道道床施工主要设备有：混凝土搅拌站、混凝土运输车、混凝土泵车、混凝土输送泵（delivery pump）、滑膜摊铺机（paver）、钢筋加工设备、轨道板运输车、轨道板铺设门吊、轨道板定位精调装置、移动式水泥沥青砂浆搅拌车、水泥沥青砂浆关注设备、定位圆锥体等。其中，部分施工设备如图 12-8～图 12-10 所示。

图 12-8　混凝土输送泵

图 12-9　吊装轨道板

图 12-10　精调轨道板

CRTS Ⅲ型无砟轨道施工顺序为：施工准备→测设基桩→桥上滑动层铺设→硬泡沫塑料板铺设→混凝土底座施工→轨道板运输、铺设→轨道板调整→水泥沥青砂浆灌注→限位台（limit set）或定位销施工→轨道板纵连施工→质量检查。

施工主要设备有：混凝土搅拌站、混凝土运输车、混凝土泵车、混凝土输送泵、滑模摊铺机、钢筋加工设备、轮胎式运板车、铺板龙门吊、轨道板精调用三向千斤顶、移动式水泥沥青砂浆拌和车、水泥沥青砂浆灌注设备等。

图 12-11 为武广客运专线的施工现场。

图 12-11　武广客运专线

第三节　无缝线路的铺设（Laying of Jointless Track）

中国铁路无缝线路的铺设根据普通无缝线路、桥上无缝线路、跨区间无缝线路各自的特点采用不同的铺设方法。

新建铁路要实现设计速度的高目标值，轨道工程施工就必须达到高平顺性和刚度的均匀性，为此铺轨作业必须采取一次铺设无缝线路的施工方法、新建铁路有砟轨道施工采用一次铺设跨区间无缝线路的"流水作业法"。

新建铁路一次铺设跨区间无缝线路综合施工方法共分为 4 个部分,分别为基地长钢轨焊接、单枕长轨铺设、分层上砟整道、工地单元轨焊接及应力放散(stress-relieving)锁定焊接。这四部分由 14 种技术方法组成,分别为轨道部件现场检验方法,长钢轨基地接触焊接方法,底层道砟摊铺方法,长轨条及轨枕装车方法,长钢轨及单枕铺设方法,工地钢轨焊接方法,分层上砟整道方法,应力放散、钢轨锁定(rail anchor)焊接方法,正线道岔铺设、养护、锁定方法,钢轨伸缩调节器铺设方法,无砟轨道板布放焊接长钢轨及轨道方向高低调整方法,无砟道床施工方法,线路钢轨打磨方法,轨检小车检测方法。长轨条铺设方法和精调如图 12-12～图 12-15 所示。

图 12-12　长轨条铺设方法:
铺轨机直接铺设法

图 12-13　长轨条铺设方法:
列车横向卸铺法

图 12-14　长轨条铺设方法:
长钢轨一次推卸入槽法

图 12-15　精调

在施工中,只有这些方法充分利用,才能达到无缝线路各阶段、各方面的施工要求,也只有由这些方法构成的综合施工技术的综合使用(comprehensive use),才能达到无缝线路的最终设计要求。

专业词汇汉英对照（Glossary）

专业词语	拼音	英文
轨道施工	guǐdào shīgōng	track construction
单向铺轨	dānxiàng pūguǐ	one-way track-laying
多向铺轨	duōxiàng pūguǐ	multidirectional track-laying
机械铺轨	jīxiè pūguǐ	mechanical track-laying
人工铺轨	réngōng pūguǐ	artificial track-laying
摊铺	tānpū	pave
焊接	hànjiē	weld
钢轨预打磨	gāngguǐ yùdǎmó	rail pregrinding
底砟	dǐzhǎ	subballast
轨道板	guǐdàobǎn	track plate
乳化沥青砂浆	rǔhuà lìqīng shājiāng	emulsified asphalt slurry
三角规	sānjiǎoguī	triangular compass
输送泵	shūsòngbèng	delivery pump
摊铺机	tānpūjī	paver
限位台	xiànwèitái	limit set
应力放散	yīnglì fàngsàn	stress-relieving
钢轨锁定	gāngguǐ suǒdìng	rail anchor
综合使用	zōnghé shǐyòng	comprehensive use

思考题（Questions）

（1）简述有砟轨道施工的主要流程。

（2）简述无砟轨道施工的主要流程。

（3）将下面的英文翻译成中文。

LGV（Laser Guided Vehicle）is the process by which the land on which TGV trains are to run is prepared for their use, involving carving the trackbed and laying the track. It is similar to the building of railway lines, but there are differences. In particular, construction process is more precise in order for the track to be suitable for regular use at 300km/h. The quality of construction was put to the test in particular during the TGV world speed record runs on the LGV Atlantique; the track was used at over 500km/h without suffering significant damage. This contrasts with previous French world rail speed record (326/331 km/h in 1955) attempts which resulted in severe deformation of the track.

拓展阅读（Extensive Reading）

无砟轨道结构设计

无砟轨道设计荷载应包括列车荷载、温度荷载、牵引/制动荷载等，同时应考虑下部基础变形对轨道结构的影响。

CRTS Ⅰ型板式轨道结构可由钢轨、弹性扣件、轨道板、水泥乳化沥青砂浆充填层、底座、凸形挡台及其周围填充树脂等组成。

CRTS Ⅰ型板式轨道的轨道板结构类型可分为预应力混凝土平板、预应力混凝土框架板和钢筋混凝土框架板。轨道板类型应根据环境条件和下部基础合理选用。标准轨道板长度宜为4962mm，轨道板宽度宜为2400mm，厚度不宜小于190mm。轨道板两端设半圆形缺口，半径宜为300mm。水泥乳化沥青砂浆充填层厚度为50mm；对于减振型板式轨道，厚度为40mm。水泥乳化沥青砂浆及原材料的性能应符合相关规定。水泥乳化沥青砂浆应采用袋装灌注法施工。底座结构设计应根据列车荷载、温度荷载及混凝土收缩等的共同作用，进行强度和裂缝宽度检算，同时应考虑下部基础变形的影响，进行结构强度检算。底座采用钢筋混凝土结构，混凝土强度等级为C40。底座的外形尺寸根据设计荷载计算确定，曲线地段底座内侧厚度不应小于100mm。凸形挡台按固定于混凝土底座上的悬臂构件设计，形状分圆形和半圆形，混凝土强度等级为C40。凸形挡台和轨道板之间填充树脂材料，设计厚度为40mm。填充树脂应采用袋装灌注法施工，其性能应符合相关规定。

CRTS Ⅰ型板式轨道曲线超高在底座上设置。超高设置以内轨顶面为基准，采用外轨抬高方式，并在缓和曲线范围内线性过渡。轨道板外侧的底座顶面应设置横向排水坡。

路基地段CRTS Ⅰ型板式无砟轨道如图12-16所示。设计应符合下列规定：底座应在路基基床表层上设置。底座每隔一定长度，对应凸形挡台中心位置，应设置横向伸缩缝。线间排水应结合线路纵坡、桥涵等线路条件和环境条件具体设计。采用集水井方式时，集水井设置间隔应根据汇水面积和当地气象条件计算确定。线路两侧及线间路基面应进行防水处理。

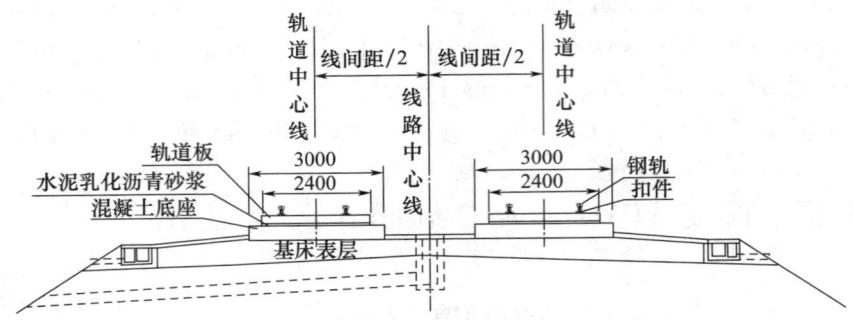

图 12-16　无砟轨道标准横断面示意图（单位：mm）

CRTS Ⅱ型板式无砟轨道的轨道板采用预应力混凝土结构，混凝土强度等级为 C55。标准轨道板长度为 6450mm，宽度为 2550mm，厚度为 200mm，补偿板和特殊板根据具体条件配置。

水泥乳化沥青砂浆充填层厚度为 30mm，水泥乳化沥青砂浆及原材料性能应符合相关规定。

路基地段 CRTS Ⅱ型板式无砟轨道标准横断面示意图如图 12-17 所示。

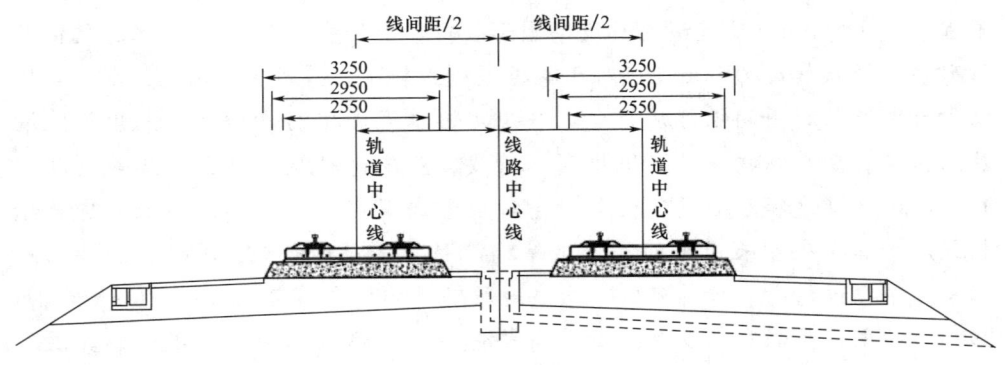

图 12-17　无砟轨道标准横断面示意图（单位：mm）

轨道结构由钢轨、弹性扣件、轨道板、水泥乳化沥青砂浆充填层、支承层等组成。

支承层在路基基床表层上设置，其性能应符合相关规定。支承层顶面宽度为 2950mm，底面宽度为 3250mm，厚度为 300mm。沿线路纵向，每隔不大于 5m 切一横向预裂缝，缝深宜为厚度的 1/3。轨道板宽度范围内的支承层表面应进行拉毛处理。道床板为纵向连续的钢筋混凝土结构，在支承层上构筑。道床板宽度为 2800mm，厚度为 260mm。曲线超高在路基基床表层上设置。线间排水应结合线路纵坡、桥涵等线路条件和环境条件具体设计。当采用集水井方式时，集水井设置间隔应根据汇水面积和当地气象条件计算确定。线路两侧及线间路基面应进行防水处理。

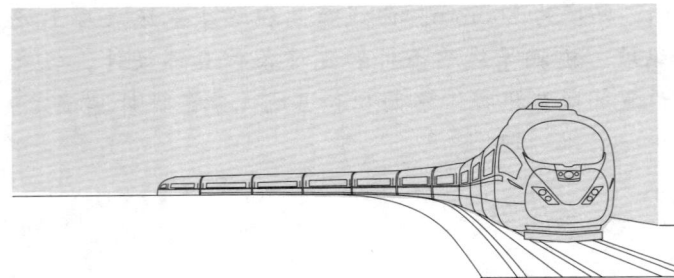

第 十 三 章

轨道养护与维修
Track Maintenance and Repair

由于轨道设备（track equipment）常年暴露在大自然的环境当中，经受着各种天气、气候等自然条件的考验和列车随机荷载的反复作用（repeated action），通过总重的积累（accumulate），必然发生残余变形（residual deformation）的累积与扩大，因而轨道的几何尺寸不断变化，道床及基础结构不断产生变形，钢轨、轨枕、联结零件及其他设备等不断损坏（damage），无缝线路锁定情况发生变化，导致线路设备技术状态（technology state）不断恶化。因此，为了预防和整治轨道残余变形的恶性循环，确保列车能以规定的速度安全、平稳和不间断地运行，就必须对轨道在运营过程中出现的各种变形采取相应的措施，对轨道结构进行定期养护和维修，使轨道处于良好的工作状态，并最大限度地延长设备的使用寿命。

第一节 轨道修理（Track Repair）

轨道区别于其他结构物的特点是边运营、边变形、边修理。轨道结构需要定期修理（schedule repairs）来维持其良好的状态。无砟轨道的维修工作量要比有砟轨道少得多。轨道修理也称线路设备修理，分为线路设备大修和维修。

线路设备大修（overhaul of line equipment）的基本任务是根据运输需要及线路设备损耗规律（law of loss），有计划、按周期地对线路设备进行更新和修理，恢复和提高线路设备强度，增强轨道承载能力。线路设备大修应贯彻"运营条件匹配，轨道结构等强，修理周期（period）合理，线路质量均衡"的原则，坚持全面规划、适度超前、区段配套的方针，并应采用无缝线路。线路设备大修应由专业大修设计和施工队伍承担，采用必要的施工机械和运输车辆，并安排与施工项目相适应的施工天窗（maintenance gap）。

线路设备维修（maintain railway equipment）的基本任务是保持线路设备完整（equipment integrity）和质量均衡（balanced quality），使列车能以规定速度安全、平稳和不间断地运行，并尽量延长线路设备使用寿命。线路设备维修应贯彻"预防为主，防治结合，修养并重"的原则，按线路设备技术状态的变化规律和强度，相应进行综合维修（comprehensive maintenance）、经常保养和临时补修，有效地预防（prevent）和整治线路病害，有计划地补偿线路设备损耗，以取得较好的技术经济效益（technical and economic benefit）。线路设备维修应实行天窗修（铁路在运营规划中，为各部门主要是检修部门预留的检修维修时间段。这段时间内，线路上是不过车的，工作人员可以在这段时间进行线上作业。一般是为了日常检修，也有时候是为了应对突发紧急情况专门设置的。天窗点的设置，一方面让运营部门可以更加合理地规划线路的运营，另一方面也为检修部门的日常检修作业制定了时间。）制度，并实行检修分开（separate detection and maintenance）的管理体制。线路设备修理应采用新技术、新设备、新材料、新工艺和先进的施工作业方法，优化劳动组织，提高劳动生产效率和施工作业质量，降低成本；改进检测方法，推行信息化技术，健全并严格执行安全管理和检查验收制度。

第二节 有砟道床的养护维修（Maintenance of Ballast Track Bed）

有砟轨道养护以大型机械作业为主，小型机械为辅，包括起道捣固、垫砟和垫板作业。

起道（track lifting）捣固（tamping）作业是用起道机（track lifting machine）把轨道框架（track panel）抬高到标准位置，然后将轨枕底部的道砟进行捣固，使道砟处于密实（dense）状态以保证起道后的轨道空间位置（spatial position），同时还要求轨面平顺。

垫砟（ballast cushion）作业是先扒开道床并清筛（ballast cleaer）道砟，然后将需要垫砟处的扣件卸下，取出轨下垫板，整正轨下橡胶垫，放下钢轨，拧紧扣件。然后用两台起道机抬起轨道框架40mm，向轨枕下垫砟，最后回填道床，夯拍成型（ram take shape）。清筛机如图13-1所示。

由于机车车辆的行走和冲撞，轨道的方向经常会超限，尤其是曲线轨道最易发生方向变化，造成曲线圆顺度（circularity）不符合标准。这时，就要进行拨道（track lining）修正，使轨道方向复原并符合标准。目前，中国大型起拨道捣固车数量有限，故拨道作业多数是由人工使用撬棍进行。当钢轨在列车横向反复作用下发生横向位移，引起轨距增大或轨距变化率（gradient）增大时，就需要进行改道（correction）作业，改正超限或者接近超限的轨距和轨距变化率以及

图 13-1　清筛机

线路方向不良。道砟捣固机如图 13-2 所示。

图 13-2　道砟捣固机

第三节　无砟道床的养护维修
(Maintenance of Ballastless Track Bed)

　　无砟轨道的养护和维修可分为日常巡检、临时补修、经常维修和综合维修等阶段。

　　日常巡检（daily audit）：每日由专人分段对管辖范围内轨道状态进行检查并做好记录，对不良处在个人力所能及的条件下采取临时性（temporary）补救措施，并及时向工长汇报，以便安排临时补修。

　　临时补修（temporary repair）：及时整修超过临时补修容许偏差（allowable deviation）管理值及其不良处所的临时性修理，以保证行车安全平稳。

　　经常维修（high maintenance）：根据技术人员对轨道状态及日常巡检出现的

问题，在全年度和线路全长范围内进行有计划、有重点地养护，以保持轨道质量经常处于良好状态。

综合维修（comprehensive maintenance）：根据轨道变化规律（change rule）和特点，以全面改善轨道弹性（track elasticity）、调整几何尺寸（geometric dimensioning）和更换失效零件为重点，按周期有计划地对轨道进行综合维修（comprehensive maintenance），以恢复线路的完好技术状态。

专业词汇汉英对照（Glossary）

专业词汇	拼音	英文
轨道设备	guǐdào shèbèi	track equipment
反复作用	fǎnfù zuòyòng	repeated action
积累	jīlěi	accumulate
残余变形	cányú biànxíng	residual deformation
损坏	sǔnhuài	damage
技术状态	jìshù zhuàngtài	technology state
定期修理	dìngqī xiūlǐ	schedule repairs
线路设备大修	xiànlù shèbèi dàxiū	overhaul of line equipment
损耗规律	sǔnhào guīlǜ	law of loss
周期	zhōuqī	period
施工天窗	shīgōng tiānchuāng	maintenance gap
线路设备维修	xiànlù shèbèi wéixiū	maintain railway equipment
设备完整	shèbèi wánzhěng	equipment integrity
质量均衡	zhìliàng jūnhéng	balanced quality
综合维修	zōnghé wéixiū	comprehensive maintenance
预防	yùfáng	prevent
技术经济效益	jìshù jīngjì xiàoyì	technical and economic benefit
检修分开	jiǎnxiū fēnkāi	separate detection and maintenance
起道	qǐdào	track lifting
捣固	dǎogù	tamping

续表

专业词汇	拼音	英文
起道机	qǐdàojī	track lifting machine
轨道框架	guǐdào kuàngjià	track panel
密实	mìshí	dense
空间位置	kōngjiān wèizhì	spatial position
垫砟	diànzhǎ	ballast cushion
清筛	qīngshāi	ballast cleaer
夯拍成型	hāngpāi chéngxíng	ram take shape
圆顺度	yuánshùndù	circularity
拨道	bōdào	track lining
变化率	biànhuàlǜ	gradient
改道	gǎidào	correction
日常巡检	rìcháng xúnjiǎn	daily audit
临时性	línshíxìng	temporary
临时补修	línshí bǔxiū	temporary repair
经常维修	jīngcháng wéixiū	high maintenance
变化规律	biànhuà guīlǜ	change rule
轨道弹性	guǐdào tánxìng	track elasticity
几何尺寸	jǐhé chǐcùn	geometric dimensioning

思考题（Questions）

（1）什么是铁路大修和铁路维修？
（2）简述有砟轨道养护维修的内容。
（3）简述无砟轨道养护维修的原则。
（4）将下面的英文翻译成中文。

Track maintenance can be divided into: rail geometry, track geometry, track structure, ballast bed, level crossing and miscellaneous. Maintenance of track geometry can in turn be subdivided into incidental (spot) maintenance, in other words, repair of local irregularities, and systematic maintenance which is carried out as a matter of course mainly with heavy track maintenance machines. The latter is referred to as mechanized maintenance.

Irregularities in rail geometry can give rise to very high dynamic loads. These geometry defects partly occur during manufacturing of the rails (knowing as rolling defects), and partly during operation in the form of corrugations. The only remedy for such defects is grinding. Long waves, as in rolling defects, are difficult to remove because a great deal of material has to be removed.

拓展阅读（Extensive Reading）

铁路线路维修与养护

铁路线路设备是铁路运输业的基础设备，它常年裸露在大自然中，经受着风雨冻融和列车荷载的作用，轨道几何尺寸不断变化，路基及道床不断产生变形，钢轨、联结零件及轨枕不断磨损，而使线路设备技术状态不断地发生变化，因此，工务部门掌握线路设备的变化规律，及时监测和检测线路状态，加强线路监测检测管理成为确保线路质量、保证运输安全的重要的基础性工作。

轨道结构经常出现病害，如轨道几何形位。轨道几何形位病害经常复发，且恶化速度很快，使维修过于频繁，这就需要对其进行监测、跟踪，及时发现可能危及铁路交通的安全性和可靠性的轨道病害，如图13-3、图13-4所示。在固定时间间隔进行连续监测，以获得可靠的轨道状态，这样的监测技术可以提供基础设施部件的状态。这对预测轨道状态和制订维护计划至关重要。

图 13-3　无缝线路的胀轨跑道

无缝线路轨条很长，当轨温变化时，钢轨由于扣件或道床阻力的约束作用，不能自由伸缩，在钢轨内部会产生很大的温度力。为了保证无缝线路的强度和稳定性，必须监测长轨条内位移、温度及力的变化规律。

图 13-4　低接头

钢轨探伤是使用钢轨探伤车和超声波钢轨探伤仪对线路上钢轨内部进行的无损检测。中国铁路广泛使用的是小型超声波钢轨探伤仪。为适应线路上钢轨探伤的需要，将钢轨探伤仪装在特制的手推车上，也叫钢轨探伤小车。目前使用的 JGT-5 型等钢轨探伤仪均属多通道 A 型显示超声波探伤仪，它具有以下特性：①环境适应性强，工作温度范围在 $-20\sim50℃$，其中低温型为 $-40\sim40℃$；②5 个通道、5 条基线，可同时用 5 只探头对钢轨进行全面探测，并能分辨各类不同的伤损；③发射功率强和灵敏度高，有较好的抗干扰性能，在电气化铁路和电台附近可正常工作；④具有轨型选择开关，适用于各类型钢轨；⑤每个通道都有独立的粗衰减器、细衰减器和增益旋钮，调节方便，互不牵制；⑥具有 $0°$ 和 $45°$ 双重穿透功能，可同时探测轨腰和焊缝的伤损；⑦为加强报警的作用，$0°$、$30°$、$70°$ 的报警具有三种不同音响。随着钢轨探伤技术发展，BJGT-6 型和 JGT-5D 型已先后问世，又有新的改进（图 13-5）。

图 13-5　钢轨波磨

参考文献
References

［1］　井国庆，闫斌．铁道工程专业英语［M］．2版．北京：北京交通大学出版社，2021．
［2］　闫斌，汪优，李伟．Experimental Technology of Railway Engineering（铁道概论）［M］．长沙：中南大学出版社，2021．
［3］　陈秀方，娄平．轨道工程［M］．北京：中国建筑工业出版社，2017．
［4］　Coenraad Esveld．现代铁路轨道［M］．2版．王平，陈嵘，井国庆，译．北京：中国铁道出版社，2014．
［5］　刘涛，李纯．铁道概论［M］．北京：北京交通大学出版社，2021．
［6］　王平，杨荣山．轨道工程［M］．北京：机械工业出版社，2021．
［7］　邓友生，高磊，杨碎明，等．铁道概论［M］．北京：清华大学出版社，2021．
［8］　中华人民共和国国家发展和改革委员会．"十四五"现代综合交通运输体系发展规划［EB/OL］．（2022-03-25）［2023-02-03］．https：//www.ndrc.gov.cn/fggz/fzzlgh/gjjzxgh/202203/t20220325_1320208.html．